U0578781

该成果受"浙江省教育厅科研项目资助"

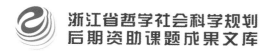

浙江省哲学社会科学规划
后期资助课题成果文库

汉画像石图像艺术与
汉代生死观

Hanhuaxiangshi Tuxiang Yishu Yu
Handai Shengsiguan

刘 茜 著

中国社会科学出版社

图书在版编目（CIP）数据

汉画像石图像艺术与汉代生死观／刘茜著 . —北京：中国社会科学出版社，

2015.6（2019.3 重印）

ISBN 978 – 7 – 5161 – 6624 – 6

Ⅰ.①汉… Ⅱ.①刘… Ⅲ.①画像石 – 研究 – 中国 – 汉代②人生观 – 研究 –

中国 – 汉代 Ⅳ.①K879.424②B821

中国版本图书馆 CIP 数据核字（2015）第 167004 号

出 版 人 赵剑英
责任编辑 宫京蕾
责任校对 李 楠
责任印制 李寡寡

出 版 中国社会科学出版社
社 址 北京鼓楼西大街甲 158 号
邮 编 100720
网 址 http：//www.csspw.cn
发 行 部 010 – 84083685
门 市 部 010 – 84029450
经 销 新华书店及其他书店

印刷装订 北京君升印刷有限公司
版 次 2015 年 6 月第 1 版
印 次 2019 年 3 月第 2 次印刷

开 本 710×1000 1/16
印 张 13.25
插 页 2
字 数 210 千字
定 价 60.00 元

凡购买中国社会科学出版社图书，如有质量问题请与本社营销中心联系调换
电话：010 – 84083683
版权所有 侵权必究

目　　录

第一章

绪　　论

一　汉画像石研究状况的历史回顾

汉画像石是指汉代雕刻在墓祠、墓阙、墓室、棺椁等建筑上的石刻艺术品。从产生到衰落，汉画像石经历了约 300 年的发展进程，在艺术史与文化史上具有不可估量的价值。

汉画像石的发现与研究大致可分为三个阶段。从北宋末年至 20 世纪初为第一阶段，是金石学家对汉画像石进行收集与著录的时期。代表作有北宋赵明诚的《金石录》，南宋洪适的《隶释》《隶续》，清代翁方纲的《两汉金石记》、毕沅与阮元的《山左金石志》、黄易的《小蓬莱阁金石文字》等。这一时期，金石学家尚停留在对未经科学调查与发掘的汉画像材料做零散的集录工作，其研究也多侧重于画像的榜题铭刻文字，未能对汉画像石做全面科学的考察。

从 20 世纪初到 20 世纪 40 年代末为第二阶段。由于近代考古学的兴起，汉画像石考古资料有了大量积累。如日本大村西崖的《支那美术史雕塑篇》①、关百益的《南阳汉画像集》②、孙文青的《南阳汉画像汇存》③、傅惜华的《汉代画像全集》（初编、二编）④ 等，皆收录了大量的汉画像石拓片。这一时期，汉画像石研究的佳作也偶有出现，如容庚的《汉武梁祠画像录》⑤、滕固的《南阳汉画像石刻之历史的及风格的考察》⑥ 等。这些成果为汉画像石研究的深入开展奠定了基础。

第三阶段大约从 20 世纪 50 年代初开始，汉画像石研究已从考古学领域逐步扩展到社会学、文化学、艺术学等多个领域，涌现出许多优秀成果。如日本长广敏雄的《汉代画像の研究》⑦，土居淑子的《中国古代の画像石》⑧，刘志远、余德章等的《四川汉代画像砖与汉代社会》⑨，萧亢达的《汉代乐舞百戏艺术研究》⑩，蒋英炬与吴文祺的《汉代武氏墓群石刻研究》⑪ 等。其中尤以信立祥的《汉代画像石综合研究》⑫ 与巫鸿的《武梁祠——中国古代画像艺术的思想性》⑬ 最具影响。

---

① ［日］大村西崖：《支那美术史雕塑篇》，东京印刷株式会社，1916 年。

② 关百益：《南阳汉画像集》，中华书局 1930 年版。

③ 孙文青：《南阳汉画像汇存》，金陵大学文化研究所 1937 年版。

④ 傅惜华：《汉代画像全集》（初编），巴黎大学北京汉学研究所 1950 年版；（二编），1951 年版。

⑤ 容庚：《汉武梁祠画像录》，燕京大学考古社 1936 年版。

⑥ 滕固：《南阳汉画像石刻之历史的及风格的考察》，《张菊生先生七十生日纪念论文集》，商务印书馆 1937 年版。

⑦ ［日］长广敏雄：《汉代画像の研究》，中央公论美术出版 1965 年版。

⑧ ［日］土居淑子：《中国古代の画像石》，同朋舍出版 1986 年版。

⑨ 刘志远、余德章等：《四川汉代画像砖与汉代社会》，文物出版社 1983 年版。

⑩ 萧亢达：《汉代乐舞百戏艺术研究》，文物出版社 1991 年版。

⑪ 蒋英炬、吴文祺：《汉代武氏墓群石刻研究》，山东美术出版社 1995 年版。

⑫ 信立祥：《汉代画像石综合研究》，文物出版社 2000 年版。

⑬ ［美］巫鸿：《武梁祠——中国古代画像艺术的思想性》，柳扬、岑河译，生活·读书·新知三联书店 2006 年版。

前贤已取得丰硕成果，但尚存以下不足：(1) 学界对汉画像石的研究多停留于器物层面的考释，鲜能从图像艺术的角度去考察汉画像石所蕴含的文化意义。(2) 学界很少注意到汉画像石图像艺术尤其是鲁南、苏北、皖北、豫东一带汉画像石图像艺术所具有的图像史特征以及这些特征在研究汉代思想史中所具有的重要史学意义。

二 汉代生死观研究状况的历史回顾

两汉时期，传统的生死观念发生了深刻的变化。这一变化不仅促进了神仙方术、谶纬、阴阳五行等思想的盛行，也推动了新的宗教形式——道教的形成。汉代生死观成为推动汉文化发展演变的根本动力之一。

20 世纪中叶，汉代生死观引起了研究者的兴趣。余英时在其博士论文《东汉生死观》①中系统地探讨了东汉人的生死观念，揭示了精英与大众两个层面在这一问题上所存在的互动关系。在研究方法上，余英时除了充分重视文献典籍外，还借助了近现代考古学、艺术学、宗教学等领域的材料与成果，对东汉生死观展开了多角度的研究。

20 世纪 60 年代，随着近代考古学的发展，大量的汉代墓葬被发掘出来，汉代生死观成为汉代文化研究的关键性问题。国内外研究者纷纷围绕考古材料从不同的角度对汉代生死观展开了探讨。海外汉学家鲁惟一出版了《通往仙境之路：中国人对长生的追求》②，该书通过对马王堆帛画构图

---

① ［美］余英时：《东汉生死观》，上海古籍出版社 2005 年版。

② Michael Loewe, *Ways to Paradise*: *The Chinese Quest for Immortality*, London：George Allen & Unwin, 1979.

模式的研究，探讨了"汉代人有关死亡和来世的基本信仰"（《序言》），这是从图像艺术的角度对汉代生死观进行探讨的重要尝试。

随着考古学的进一步发展，20世纪90年代，学界开始尝试通过现代考古学方法从器物层面深入到意识形态去研究汉代人的思想观念，其中较具代表性的著作是中国台湾学者蒲慕州的《墓葬与生死——中国古代宗教之省思》①。该书将统计学方法运用到考古学研究中，集中分析了3000座汉代墓葬，从墓葬的形制包括墓葬方向、棺椁结构、随葬品等方面揭示了汉代人在宗教思想尤其是汉代生死观上的发展演变轨迹。

21世纪初，韩国学者具圣姬的《汉代人的死亡观》②是对汉代生死观进行系统研究的著作。该书主要以传世文献为依据，结合近现代考古学材料，以生命观、鬼神观的发展为依托，从整体上展示了汉代人在死亡观念上的动态演进过程。

尽管国内外学者对汉代生死观的研究已取得了开创性的成果，并注意到了对新材料与新方法的运用，但总的来说，目前对汉代生死观的认识还十分局限，这主要表现在：其一，生死观的发展演变是贯穿于整个汉代文化的重要线索，对汉代文化的发展走向起着决定性的作用。但对于生死观在汉代文化中的重要地位与意义，国内外学者还未给予足够的重视。其二，长期以来，由于文献典籍的缺失，汉代生死观的研究难有突破性进展。可以说，迄今为止，学界尚未出现以探讨汉代生死观为专题的传世典籍可资借鉴，也未出现有揭示汉代生死观发展演变的轨迹与基本特征的鸿

---

① 蒲慕州：《墓葬与生死——中国古代宗教之省思》，中华书局2008年版。
② 具圣姬：《汉代人的死亡观》，民族出版社2003年版。

篇巨制流传于世，这就使汉代生死观犹如蒙上了一层厚厚的面纱，让人难以辨认其真实的面目。其三，对汉代画像石在汉代生死观研究中的重要作用与意义重视不够。

三　汉画像石图像艺术在汉代生死观研究中的重要作用

我们知道，汉画像石在本质上是一种丧葬艺术品，反映汉代人的生死观念乃是由这种丧葬艺术品的本质属性所决定的。汉画像石的发展几乎贯穿于两汉的始末（兴起于西汉早中期，衰落于东汉末年）。在这个历史进程中，汉代生死观的变迁始终是推动汉画像石发展演变的根本动力，而汉画像石则以图像艺术的形式生动地演绎了汉代生死观的动态演进过程。

经研究表明，在汉画像石长达三百余年的发展史中，其题材内容与构图形式始终围绕着"死"与"生"的主题展开。如何消除死亡给人们带来的痛苦并获得永生的快乐正是汉画像石设计者的创作意图之所在，而这种意图的产生则受到汉代生死观发展演变的深刻影响。随着生命意识的觉醒，汉代人开始对生命展开深入的思考，包括如何使死与生的状态变得可以控制从而消除人们对于死亡的无奈，如何使死后的状况变得可以把捉从而消除人们由于未知而带来的恐惧等问题。汉代的这一精神取向对画像设计者也产生了深刻的影响，如何通过图像艺术的形式去表达人们对生死问题的思考成为画像设计者的基本创作意图，而这一意图也正是推动汉画像石图像艺术发展演变的根本精神动力。

汉画像石图像艺术对于"死亡"主题的展现主要是通过对"祠主受祭图"① 的构建来完成的。"祠主受祭图"是一个以刻画亡灵行为活动与生活状态为内容的题材,"祠堂建筑图"是这一题材最为核心的组成部分,"祠主受祭图"的变化主要体现在"祠堂建筑图"的变化之上。就鲁南、苏北、皖北、豫东一带汉画像石来看,从西汉中期至东汉后期,"祠堂建筑图"经历了一个发展演变的过程,这一过程生动地展现了汉代人"死亡"观念的变迁。具体而言,在西汉中晚期的画像石中,祠堂建筑图基本是以单开间的厅堂式建筑图出现的,也即表现出模仿地面祠堂建筑的特征;到了东汉早中期,祠堂建筑图逐渐由简单的厅堂式建筑图演变为"二重楼阁图",也即表现出模仿生者"前堂后室"式居所的特征;东汉中晚期,祠堂建筑图则出现了"多重楼阁图",也即表现出模仿现实生活中豪宅样式的特征。而就各时期祠堂建筑图所展现的汉代人的死亡观念来看,早期模仿地面祠堂建筑的画像反映了汉代人对前代死亡观念与丧葬礼俗的继承;东汉早中期出现的"二重楼阁图"则反映了汉代人希望死者能如生前一般享受家庭生活的愿望;而东汉中晚期出现的"多重楼阁图"则反映了汉代人希望人死之后能够享受豪门生活的愿望。从汉画像石对冥灵生活的构建可以看到,汉代人的冥灵信仰充满着世俗的欲望。在汉代人看来,死亡并不意味着生命乃至生活的终结,它只是生命形态的改变与生活空间的转移,而作为生活于冥界的亡灵则不仅可以享受到与生前相同的世俗快乐,甚至还可以享受到比生前更为舒适奢华的生活。

① 此处沿用信立祥的说法。参见信立祥《汉代画像石综合研究》,第91页。

　　以图像艺术的形式表达汉代人对死亡的理解是汉画像石作为丧葬艺术品的本质属性，但除了存在一个关于"死"的主题外，汉画像石还存在着另一个关于"生"的主题。在汉代人的思维世界里，对于"死"的思考始终伴随着对于"生"的追求。

　　汉代人对"生"的主题的展现主要是通过构建大量的生殖崇拜图与仙界图来完成的。大约从西汉中期开始一直到东汉晚期，画像设计者刻画了大量的生殖崇拜图像，这些图像表现了汉代人对于"生"的强烈祈愿与执着追求。大约在西汉中晚期，画像设计者已试图通过某种形式的图像艺术来传达汉代人的神仙信仰。而从东汉早期开始一直到东汉晚期，展现汉代人的神仙信仰则已成为汉画像石最为重要的内容之一。

　　画像设计者对于汉代人升仙思想的展现主要是通过对仙界空间图式、仙界生活图式的构建等方面来完成的。就鲁南、苏北、皖北、豫东一带汉画像石来看，对于仙界空间图式的构建可以追溯到西汉中晚期出现的西王母与九尾狐等仙界成员居住的"楼阁图"，虽然这一图式很快为祠堂建筑图所取代，但它的短暂出现却显示出：西汉中晚期之时，人们的头脑中已形成了以西王母为核心的神仙信仰，但又由于西王母"楼阁图"并未在后期得到继续的发展，故又显示出这一时期的人们对于仙界的空间概念并未形成清晰的认识。在东汉早期，对于仙界图式的构建使汉画像石的题材内容与构图模式发生了重大的变化。这一时期，仙界、人界、冥界上下垂直分布的空间图式逐渐在汉画像石中形成并得以确立，西王母与风伯则成为仙界空间的中心人物，二者皆承担着助人升仙的功能。而这些图式的出现则又说明：这一时期，人们的头脑中已逐步确立了仙界的空间观念，但又由于西王母与风伯的并列存在，故西王母信仰尚未取得独尊地位。大约从东汉中期开始，仙界中的东王公形象开始出现在汉画像石中。到了东汉中晚期，汉画像石中的西王母与东王公已被固定在了仙界的中心位置，并成为仙界的最高主宰。而这些图式则又显示出：这一时期，汉代人已逐步形成了以西王母、东王公为中心的神仙信仰。

就对仙界生活的构建而言，在西汉中晚期，画像设计者确立了以西王母为中心的神仙世界，并奠定了神仙世界的基本生活模式，即仙界的一切活动均以供奉西王母而展开。到了东汉早中期，汉画像石中的仙界已不再是一个独立于其他空间的所在，西王母与东王公开始处理下界的升仙事务，并接受下界成员的供奉。到了东汉中晚期，仙界的生活呈现多样化与复杂化倾向。一方面，仙界仍然保持着供奉西王母、东王公的基本生活方式；另一方面，仙界中的其他成员开始形成自己的生活方式，如六博游戏、乐舞百戏等来自世俗生活的娱乐活动开始进入仙界成员的生活之中。这一时期，汉画像石中的仙界生活表现出鲜明的人性化与世俗化特征，即仙界已不再是一个仅仅围绕着供奉西王母、东王公而展开的世界，而是一个有着个体精神追求的生活化的空间。汉画像石中仙界生活的人性化与世俗化趋向则表明：汉代人所追求的神仙世界并不是一个清心寡欲、不食人间烟火的空间，而是一个可以享受到各种世俗欢乐的世界。

值得注意的是，汉画像石图像艺术还存在着另一个贯穿于其发展始末的线索——对宇宙空间图式的构建。就鲁南、苏北、皖北、豫东一带汉画像石来看，西汉中晚期，汉画像石图像艺术已展现出地上人界与地下冥界两个不同的空间层次。但这一时期由于受到椁墓形制的影响与表现手法的限制，人界与冥界空间层次的位置关系还未得到具体展现。西汉晚期到东汉早期，传统的墓葬形制发生了改变，小型的石椁墓逐渐为大型的房屋式墓室所取代，画像面积得到了进一步扩展。这一时期，汉画像石图像艺术中的宇宙空间层次分布发生了较大的变化，人界与冥界的上下垂直空间关系得到确立。在东汉中后期的画像石图像艺术中，神界、仙界、人界、冥界的自上而下的垂直空间分布成为基本的宇宙空间图式。除了对宇宙空间层次进行刻画外，汉画像石图像艺术还展现了穿梭于各个宇宙空间中的车马出行图，这些充满动态的图像则表明了宇宙各个空间相互交通与融为一体的特征。

虽然对宇宙空间图式的构建同样是贯穿于汉画像石发展始末的线索，但它却并不是画像设计者的根本创作意图之所在。我们认为，对宇宙空间图式的构建只是画像设计者在探索如何以图像艺术来表达生死观念时所必经的一个环节。换句话说，汉画像石设计者要尝试通过一种图像艺术来表达生死观念，则必须解决生命在宇宙中的存在状态问题，而这一问题也必然涉及宇宙空间的布局问题，它包括不同的生命形态所处的空间位置，各个生命形态在宇宙间的运动状态等问题。故从本质上讲，解决人们对死亡的困惑与恐惧乃是画像设计者构建宇宙空间图式的根本动因。

综上所述，从题材内容与构图形式可以看到，汉画像石以图像艺术的形式生动地演绎了汉代人丰富复杂的生死观念。

第二章

汉画像石图像艺术所展现的主题思想

——汉代生死观

　　所谓主题思想是指文艺作品的中心思想，是创作者通过文艺作品的材料和表现形式所表达出的基本思想，它是贯穿整个作品的核心。那么，汉画像石图像艺术又是否存在一个始终统领着它的主题思想呢？我们认为，倘若将具有约300年发展史的汉画像石图像艺术视为一部鸿篇巨制的话，那么它的确存在着一个贯穿于其发展始末的主题思想，这就是汉代人的生死观念。得出这样的结论，主要基于以下两个依据：其一，就单个汉画像石来看，无论是题材内容还是构图形式，其主题思想无不围绕展现汉代生死观而展开。其二，从西汉早中期（汉画像石的滥觞期）到东汉中晚期（汉画像石的衰落期），汉代生死观的变迁始终是推进汉画像石发展演变的根本动力，而汉画像石则以图像艺术的形式反映了汉代生死观发展演变的历程。因而我们认为，展现汉代人的生死观念正是汉画像石图像艺术的核心精神之所在，而这一核心精神则是由汉画像石作为丧葬艺术品的特质所决定的。

第一节　汉画像石图像艺术所展现的主题思想

——汉代人的"死亡"观念

考察汉画像石的整个发展史①，可以看到，展现汉代人的"死亡"观念乃是贯穿整个汉画像石发展史始末的一个基本主题。

一　画像的中心人物——亡灵形象

从西汉早中期到东汉末期，汉画像石刻画了众多的人物形象，其中较为常见的有：亡灵（又称墓主或祠主）、亡灵在世的亲属、西王母、东王公、伏羲、女娲、风伯、雨师、历史人物，等等。当然，这些人物并不都是贯穿于整个汉画像石发展始末的形象，其中西王母、东王公、伏羲、女娲、风伯、雨师等大约是在东汉之后才逐渐成为画像所着重刻画的对象，而唯有亡灵形象自始至终都是贯穿于汉画像石发展始末的中心人物。不仅如此，在构图形式上，亡灵也是画像设计者着力描绘的形象。对于这一点，鲁南、苏北、皖北、豫东一带汉画像石体现得尤为明显。如图 2-1

---

① 考古资料显示，汉画像石的集中分布地大致为四个区域。第一个分布区集中于鲁南、苏北、皖北、豫东一带，是汉画像石分布面积最广的地带；第二个分布区集中于豫南与鄂北一带，是汉画像石分布较为集中的地带；第三个分布区集中于陕北、晋西北一带；第四个分布区集中于四川、滇北一带。其中第一个分布区、第二个分布区为汉画像石最早兴起的地带，前者大约兴起于西汉武帝时期，后者大约兴起于武帝之后的西汉中后期。第三个分布区汉画像石大约兴起于东汉早中期，第四个分布区大约兴起于东汉中晚期。汉画像石虽存在空间分布的差异与时间发展的不均衡，但各大区域的汉画像石在题材内容与构图形式上皆存在明显的程式化与趋同性特征。对于汉画像石的这一特征，笔者将在拙著《汉画像石与早期道教研究》中详加论述，此处从略。

为 1981 年出土于山东嘉祥五老洼汉画像石群中的第三石画像。该画像分上下两层。上层刻"二重建筑图"与人物拜谒图，下层刻车马出行图。据考古发现表明：在上层画面中，居于下层建筑正中位置的面右而坐的被拜谒者身上刻有"故太守"三字，且字体为东汉流行的八分书，应为汉代原刻。① 因而不难判断，该被拜谒者正是已故之太守，即墓主人或是亡灵，该画面表现的应是亡灵接受拜谒的场景，即信立祥先生所命名的"祠主受祭图"②，这一构图是汉画像石中最为基本的内容。从人物形象所占画面比例来看，"故太守"要比其他人物大出许多。

图 2 - 1　山东嘉祥五老洼汉画像石群中的第三石画像

采自嘉祥县文管所《嘉祥五老洼发现一批汉画像石》，《文物》1982 年第 5 期。

相似的构图还可见于出土于山东嘉祥县武宅山村北的汉画像石（图 2 - 2）。该画像石是东汉灵帝建宁元年的作品。整个画像位于武氏祠前石

① 嘉祥县文管所：《嘉祥五老洼发现一批汉画像石》，《文物》1982 年第 5 期。
② 参见信立祥《汉代画像石综合研究》，第 91 页。

室后壁的小龛后壁之上。画面分为上下两层，下层为车马出行图，上层画面的正中刻有"二重建筑"。建筑内人物众多。其中上层建筑刻妇女数人，下层建筑的中心位置刻有一个身形硕大的人物凭几端坐于帷幔之下，身后有执便面与捧物的侍者，身前有执笏拜谒的人物。虽然这幅画像较上幅在题材内容上有所增多，但二者在基本构图上却并无区别，也即上层画像刻画的仍然是亡灵接受众人祭拜与侍奉的场景，而画面中居于中心位置的左向而坐的人物则应是亡灵。当然，从汉画像石中人物所占画面比例来看，亡灵同样要比其他人物大出许多。而这种构图方式显然是为了突出亡灵在整个画面中的中心地位。此外，相似的构图还可见于出土于山东嘉祥县满硐乡宋山的汉画像石①、出土于山东嘉祥县城南南武山的汉画像石②、出土于山东曲阜城关镇西颜林村的汉画像石③，等等。

图 2 – 2　武氏祠前石室后壁的小龛后壁画像

采自《中国画像石全集》第一册，图66。

除了对亡灵形象做放大处理，画像设计者还常常将亡灵刻画于整个画

---

① 参见《中国画像石全集》第二册，图103、图104、图105。

② 参见《中国画像石全集》第二册，图132。

③ 参见《中国画像石全集》第二册，图22。

面的中心位置。如在早期山东地区的汉画像石中，墓葬多以石椁墓为主，画像则通常刻于石椁两端的挡板石与两边的长椁板上，其中两边的长椁板一般分作左、中、右三格，而亡灵则通常被刻画在中格画面的正中位置。这一点可以从出土于山东济宁师专十号石椁墓的东壁汉画像石看出（图2-3）。该画像分左中右三格。其中右格为渔猎图；中格刻有一单开间的厅堂式建筑，建筑内一人正面凭几端坐，建筑外右侧有一人拱手拜，左侧一人执戟；左格刻乐舞图。

图2-3   山东济宁师专十号石椁墓东壁画像

采自《中国画像石全集》第一册，图104。

其中中格画面所刻的厅堂式建筑，其前部敞开、不设门扉，为单开间悬山顶房屋式建筑。这一建筑样式与地面祠堂的形制十分接近。信立祥先生在考察汉代石结构祠堂形制时指出这类建筑大体可分为四种类型，第一种为小型单开间平顶房式建筑，第二种为单开间悬山顶房屋式建筑，第三种为双开间单檐悬山顶房屋式建筑，第四种为后壁带有方形龛室的双开间单檐悬山顶房屋式建筑。[①] 对比地面祠堂的形制，不难看到，汉画像石中单开间的厅堂式建筑与信立祥先生所列举的第二种地面祠堂的建筑样式十

---

① 信立祥：《汉代画像石综合研究》，第76页。

分接近，因而极有可能的是，前者是对后者的模仿。汉代的地面祠堂是用于祭祀死者的重要场所，祠堂中通常设有一祭台石，信立祥先生经考察指出这是"放置祠主的神主之处"①，而这与画像中正面端坐主人所处的位置正相符合，因而可以推断，汉画像石中单开间的厅堂式建筑表现的应是地面祠堂，画面中正面端坐的主人便是亡灵。②而从汉画像石中"祠堂建筑图"的沿革来看，该单开间的厅堂式建筑图即为汉画像石中"祠堂建筑图"的早期形态（下文还将在第四章对此详加论述，此处从略），又因"墓者，鬼神所在，祭祀之处"③，故也可由此推知，厅堂内正面端坐接受拜谒的人物应是亡灵，整个画面刻画的也应是亡灵接受生者祭拜的场景，即"祠主受祭图"。而就整个构图来看，此处亡灵所在的位置也正位于整幅画面的中心位置。

在东汉早中期的画像石中，亡灵形象通常仍是被安排在整幅画面的中心位置上。如出土于山东嘉祥县吴家庄的东汉早期的画像石便反映了这一特点（图2-4）。

该画像同样分为上下两层。画面上层刻"二重建筑图"，建筑内有一身形硕大的亡灵面左而坐，正在接受生者的祭拜；画面下层刻车马出行图。可以看到，亡灵仍然居于整幅画面的中心位置。这一时期，相同的构图还可见于出土于山东嘉祥纸坊镇敬老院的汉画像石④、出土于山东嘉祥

---

① 信立祥：《汉代画像石综合研究》，第81页。
② 这一结论还可以从出土于山东嘉祥五老洼的东汉早期画像石群中的第三画像石得到印证。该画像中接受祭拜的主人旁刻有"故太守"三字，表明主人是死者身份。
③ 王充：《论衡》，《诸子集成》（七册），中华书局2006年版，第228页。
④ 参见《中国画像石全集》第二册，图120。

图 2-4　山东嘉祥县吴家庄出土的东汉早期画像石

采自《中国画像石全集》第二册，图129。

县城东北五老洼的汉画像石①，等等。

在东汉晚期的画像石中，亡灵形象往往也是被安排在众多画面的中心位置。图 2-5 为出土于山东嘉祥县满硐乡的东汉晚期的作品。整个画像分为上下两层。上层刻"祠主受祭图"，下层画面刻车马出行图。在上层画面中，身形硕大的亡灵正右向端坐于下层建筑的中心位置，他正在接受生者的祭拜。此外，相同的构图还可见于出土于山东嘉祥县武宅山村北的武氏祠前石室后壁小龛后壁汉画像石②、出土于江苏铜山县汉王乡东沿村的汉画像石③，等等。

通过以上对鲁南、苏北、皖北、豫东一带汉画像石的分析可以看到，亡灵形象始终是汉画像石图像艺术所着力表现的中心人物。不仅如此，其

① 参见《中国画像石全集》第二册，图136。
② 参见《中国画像石全集》第一册，图66。
③ 参见《中国画像石全集》第四册，图1。

图 2 – 5　山东嘉祥县满硐乡宋山出土的东汉晚期画像石

采自《中国画像石全集》第二册，图 105。

他几个地带的汉画像石虽在具体的构图形式上存在一定的差异，但对亡灵形象的刻画同样是其最为重要的题材内容。[①]

二　画像的主要内容——亡灵的行为活动与生活状态

1. 展现亡灵的行为活动

确定了亡灵在众多人物形象中的中心地位后，我们将进一步考察汉画像石中亡灵形象与其他题材之间所存在的关系。

从汉画像石的整个发展史来看，"祠主受祭图"与"升仙图"是其最为基本的两大题材，而这两大题材则无不是围绕描绘亡灵的行为活动与生活状态而展开的。

在汉画像石兴起之初，"祠主受祭图"已成为其最为基本的题材内容。这一点可以从出土于山东济宁师专十号石椁墓的西壁汉画像石中看到（图

[①]　笔者还将在拙著《汉画像石与早期道教研究》中对此详加论述，此处从略。

2-6)。

图 2-6 山东济宁师专十号石椁墓西壁的汉画像石

采自《中国画像石全集》第一册，图 105。

该画像是西汉元帝至平帝时期的作品。画面从右至左分为三格。其中右格画像为车马出行图。画面刻二人执笏左向行；其后上一人牵马左行，下一马驾一无盖车左向行。中格画面刻一厅堂式建筑，角脊上有二鹤，堂内有一人正面端坐，堂外右侧有一人执笏左向跪拜，堂外左侧刻一树，树下有一马正在饮水。左格画面为乐舞图：其中上层刻建鼓舞，下层刻伴奏人物。

不难推断，中格画面所刻的厅堂式建筑表现的应是地面的祠堂建筑，而端坐于厅堂内正中位置的人物也应是亡灵。但值得注意的是，该厅堂式建筑的左侧刻有一树，树下拴着一马正在饮水。这一图式显示出：亡灵是乘马远道而来的。结合右格的车马出行图行进的方向可以初步推断，右格的车马出行图表现的正是亡灵前往地面祠堂的行进过程。两幅图像的叙事以中格画像中厅堂建筑左侧停靠的马而得到连接，表现了亡灵乘坐车马来到地面祠堂接受生者祭拜的一个连续的行为活动。此外，左格画面与中格画面的图像学意义也是密切相关的。左格画面刻画的是乐舞图，这是汉代祠堂祭祀活动中的重要仪程（下文还将在本章第三节对此详加论述，此处从略），故中格画面与左格画面结合起来，表现的应是亡灵在祠堂内欣赏生者供奉的祭祀性乐舞的活动。由此可见，三幅画面的叙事皆是围绕亡灵的行为活动而展开的。对于这一推论，我们还可以从东汉早期的画像石看得更为清楚。图2-7为出土于山东嘉祥县城东北五老洼的汉画像石。整个画面分为上下两层。对比上层画面与图2-6的中格画面，二者之间存在着许多共同元素，包括建筑内正面端坐的主人、建筑外的树木以及树下停靠的车马。当然，二者之间也有明显的不同之处，那就是早期的单开间的厅堂式建筑变成了"二重建筑"。但经研究表明，这个二重建筑只是对厅堂式建筑的扩展，它在本质上表现的仍然是地面祠堂建筑（下文还将在第四章对此详加论述，此处从略）。因而该图与图2-6在图像学意义上应是相同的。该图的下层画面是车马出行图，其图像学意义也与图2-6相同，即画像所表现的仍然是亡灵乘坐车马来到地面祠堂接受生者祭拜与供奉的一个连续性的叙事。由于该图中的车马出行图与祠堂建筑图被安排在了同一画面之中，故二者之间的图像学意义也展现得更为明晰。可见，整个画面的题材内容仍然是围绕描绘亡灵的行为活动而展开的。

到了东汉中后期，画像石的题材内容愈益丰富，但围绕亡灵行为活动所展开的叙事仍是其中的主要内容。对于这一点，我们可以从出土于山东嘉祥县满硐乡宋山村北的汉画像石看出（图2-8）。该画像石是东汉桓、灵帝时期的作品。整个画像分为上下两层。上层画面左边刻"二重建筑"，左右有重檐双阙。其中上层建筑内刻妇女数人，下层建筑内刻亡灵正在接受生者的祭拜。右边画面刻一参天大树，树下停靠一车、一马。画面下层

图 2 − 7   山东嘉祥县城东北五老洼出土的汉画像石

采自《中国画像石全集》第二册,图 142。

刻车马出行图。不难看到,该汉画像石与早期的汉画像石相比,其在题材
内容上虽有所增加,但整个画面仍然是围绕描绘亡灵的行为活动而展
开的。

图 2 − 8   山东嘉祥县满硐乡宋山村北出土的汉画像石

采自《中国画像石全集》第一册,图 92。

除此之外,大约从东汉早中期开始,展现亡灵升仙活动的题材开始在
汉画像石中逐渐增多。如出土于山东省嘉祥县武宅山村北的汉画像石(图

2-9）即为其中一例。

图 2-9 武氏祠左右室屋顶前坡东段画像

采自《中国画像石全集》第一册，图 87。

该画像石大约为东汉桓帝建和二年的作品。画像刻于武氏祠左右室屋顶前坡的东段部分。整个画面分为上下两层。上层刻仙人出行图。下层自上而下又可分为三个部分。其中画面的右底端刻三个圆形的坟冢，坟内有线刻的妇人和羽人，坟上卷云升腾。坟右有堂及阙，左边停立二马和一有屏的轺车。车后二人持戟，一人执笏右向立。画面的中部卷云密布，卷云右端刻一辆轺车腾云而上，画面的上部左端刻一辆轺车腾云右向行，其右刻西王母、东王公端坐于云上，周围有羽人侍奉。从下层画面连续飞升的轺车来看，车内的主人应是来自坟墓的亡灵，画面上层所刻画的西王母、东王公乃是仙界的象征。因而整个下层画面表现的是亡灵从坟墓中驾着轺车乘云前往仙界的场景。

与图 2-9 具有相同图像学意义的还可见于出土于四川合江张家沟二

号墓的画像石中（图2-10）。该画像为东汉时期的作品。画像刻于石棺
左侧。右端刻一马驾棚车左向行，内坐头挽高髻的女性，马侧有男仆侍
奉。中间刻庑殿式双重檐门阙。天门之间有庑殿式大门，为二重檐阴线刻
仿木结构。左侧刻一人物，戴山字冠，两边夹胜，坐龙虎座上①。李淞先
生认为头戴山形冠的人物不是西王母而是东王公。他说：

图 2-10   四川合江张家沟二号墓出土的汉画像石

采自《中国画像石全集》第七册，图178。

> 左端坐像肩生双翼，有龙虎座，但头饰与常见的西王母不同，而
> 为中间高、两边低的山形冠。合江四号石棺的棺头有伏羲女娲像，女
> 娲为团状的高发髻，伏羲为戴冠，冠为三山形，与棺侧的坐像冠式一
> 样，因此可以确定这个坐像为男性，也即东王公。②

李淞先生的这一说法应是可信的。东王公右侧的门阙乃是通往仙境的
天门。整个画面表现的是亡灵前往仙界的场景。

---

① 参见《中国画像石全集》第七册，"图版说明"，第56页，图177。
② 李淞：《论汉代艺术中的西王母图像》，湖南教育出版社2000年版，第191页。

2. 展现亡灵的生活状态

大约从东汉早期开始，展现亡灵生活状态的题材在汉画像石中得到了极大的丰富，其中最为典型的就是，祠堂建筑图逐渐由单开间的厅堂式建筑图演变成为"二重建筑图"。前文已述及，汉画像石中的"二重建筑"所表现的应是"前堂后室"式建筑（图2-7），该建筑乃是汉代人普遍采用的民居样式，故这一图式实际上是对在世之人居所的模仿。而画像设计者将"后室"建筑重叠在祠堂建筑的上部，则更为清晰地呈现出亡灵也过着如生者一般的前堂后室式生活，即于前堂接受生者的祭拜，于后室享受与亲眷们其乐融融的家居生活。

汉画像设计者一直致力于亡灵生活的构建。在东汉中晚期的画像石中，亡灵的生活状态已呈现出多样化的趋势。如出土于徐州市贾汪区青山泉水泥厂的汉画像石则展现了亡灵温馨美满的家居生活（图2-11）。该画面正中刻一房屋，屋内摆放着一长形大榻，其上有夫妇二人相对而坐，丈夫抱着婴儿，妻子向婴儿伸出双手，婴儿扑向母亲的怀抱。屋外右侧刻一株大树，树下停靠着一匹马。屋外左侧刻一辆轩车，车内无人，上空刻有大鸟数只。就这些题材内容来看，车马图、单开间的厅堂式建筑图以及树木图同样是其基本的构图要素，因而该画面展现的同样是亡灵乘车来到地面祠堂的行为活动，但与前图所不同的是：亡灵与妻儿在祠堂内共享天伦之乐的场景已替代了亡灵在祠堂内接受生者祭拜的场景。

出土于山东省滕州市桑村镇西户口村的汉画像石则展现了亡灵所享受到的豪门贵族般的奢华生活（图2-12）。该画像石为东汉晚期的作品。整个画面可分上下两层，上层为人物建筑图，下层为车马出行图。其中上

图 2 – 11　江苏徐州市贾汪区青山泉水泥厂出土的汉画像石

采自《中国画像石全集》第四册，图 92。

层构图较为复杂。画面正中刻一主体建筑，由上下两部分构成，其中上部分刻一正面凭几端坐的硕大人物，两旁有侍者数人；下部分刻宾客盈门、济济一堂。主体建筑的左边与水榭相连，榭上有数人登临观赏，榭下有成群结队的鱼儿浮在水面。主体建筑的右边是纺织房，纺织房内有纺线车、织布机，旁边有家奴正在劳作。整个建筑的右端刻大树一株，树上有仙人饲鸟。从以上构图来看，该画像的中心题材仍然是"祠主受祭图"，但与前者不同的是，画面所展现的是亡灵在一个结构庞大的建筑群中所享受到的豪门生活。

通过以上分析可以看到，以亡灵为中心，展现亡灵的行为活动与生活状态，乃是贯穿于整个汉画像石发展史的基本主题。而汉画像石的这一主题正是以图像艺术的形式生动地展现了汉代人对于"死亡"的认识与理解。

图 2 - 12 山东省滕州市桑村镇西户口村出土的汉画像石

采自《中国画像石全集》第二册，图 220。

第二节 汉画像石图像艺术所展现的主题思想
——汉代人的"重生"观念

汉画像石图像艺术除了存在一个关于"死亡"的主题外，还存在着另一个关于"重生"的主题。在汉代人的思维世界里，对于"死"的思考始终伴随着对于"生"的追求。

一 汉画像石中的生殖崇拜图像及意义

作为一种图像艺术，汉画像石所反映的"重生"观念主要是通过大量的生殖崇拜图得以展现的。通过考察汉画像石的题材内容，可以看到，从西汉中晚期到东汉晚期，生殖崇拜图不仅贯穿于整个汉画像石发展的始末，而且也是汉画像石中最富创造性的题材内容之一。

在汉画像石的早期发展阶段，生殖崇拜图已成为其中的重要内容。这一点可以从出土于山东邹城市郭里乡高村卧虎山的汉画像石看出（图2-13）。

图2-13　山东邹城市郭里乡高村卧虎山出土的汉画像石

采自《中国画像石全集》第二册，图29。

该画像石是西汉元帝至平帝时的作品。整个画面左右分三格。其中左格刻车马出行图，中格刻双阙树木图，右格刻二鸟衔鱼图。

鸟衔鱼是传统的生殖崇拜题材。鸟通常是男性生殖器的象征，郭沫若在解释"玄鸟生商"的神话时指出：

> 无论是凤或燕子，我相信这传说是生殖器的象征，鸟直到现在都是（男性）生殖器的别名，卵是睾丸的别名。①

郭氏之说得到了普遍认可。鱼则通常被视为女性生殖器的象征。赵国华在分析半坡彩陶鱼纹时指出：

> 从表象来看，因为鱼的轮廓，更准确地说是双鱼的轮廓，与女阴

---

① 郭沫若：《郭沫若全集·历史篇》第1卷，人民出版社1982年版，第328—329页。

的轮廓相似；从内涵来说，鱼腹多子，繁殖力极强。当时的人类还只知道女阴的生育功能，因此，这两方面的结合，使生活在渔猎社会的先民将鱼作为女性生殖器官的象征。①

　　而就整个画面的构图来看，左格与中格画像在图像学意义上应是相互连接的。其中画面左格乘坐车马的主人应是亡灵②，车马前进的方向是右向。居于车马出行图右侧的是双阙树木图。我们知道，双阙与树木正是墓地的标志③，那么左格的车主前往的目的地便应是中格的墓地。可见左格与中格的图像内容皆是围绕亡灵的行为活动而展开的。但画面的右格刻画的却是一个生殖崇拜图像。而这一构图则表明，汉画像石除了展现一个"死"的主题外，还反映了一个"生"的主题。

　　具有相同构图特征的还可见于出土于山东滕州市城郊马王村的汉画像石（图2-14）。该画像石为西汉哀帝至平帝时期的作品。画面左右刻重檐双阙，檐上各站一鸟，二鸟共衔着一鱼，亭间一人捧盾，二人执戟立两边。该画面中的双阙同样是墓地的象征，手执武器的人物应是墓地的守卫

---

① 赵国华：《生殖崇拜文化论》，中国社会科学出版社1996年版，第169页。

② 这一点从后期画像石中配置于祠堂之下的车马出行图可以看出。

③ 汉代人有在墓地附近建阙的丧葬习俗。如《后汉书·中山简王焉传》载："大为修冢茔，开神道。"李贤注曰："墓前开道，建石柱以为标，谓之神道。"李贤所说的石柱标即为汉代墓地的阙，乃为死者通往冥界的门径。参见范晔《后汉书》，中华书局2006年版，第1450页。汉代人亦有在墓地附近种树的丧葬习俗。如《汉书·东方朔》记载朔解隐语有一条云："柏者，鬼之廷也。"颜师古注曰："言鬼神尚幽暗，故以松柏之树为廷府。"参见班固《汉书》，中华书局2007年版，第2845—2846页。再如《古诗十九首·驱车上东门》："驱车上东门，遥望郭北墓。白杨何萧萧！松柏夹广路。下有陈死人，杳杳即长暮……"诗句均反映了汉代有在坟墓边种树的丧葬习俗。见张清钟《古诗十九首汇说赏析与研究》，台湾商务印书馆1988年版，第84页。

者。这些构图要素表现的仍然是关于"死"的主题,但画像设计者在双阙的重檐上又刻画了生殖崇拜图像,这也同样展现了另外一个关于"生"的主题。

图 2 – 14　山东滕州市城郊马王村出土的汉画像石

采自《中国画像石全集》第二册,图 195。

可以看到,西汉时期的画像石在题材内容与构图形式上虽然相对单一,但展现汉代人"生"的观念已经成为汉画像石的主题思想。

到了东汉早中期,画像石的题材内容有了更大的丰富。这一时期,生殖崇拜图仍然是最为重要的题材内容之一。如在出土于江苏铜山县汉王乡东沿村的东汉元和三年的画像石群中,我们看到了大量的生殖崇拜图像(图 2 – 15)。该画像正中刻一建筑,建筑屋脊之上站立着一只身形硕大的展翅欲飞的凤鸟,角脊上有二猿猴正在攀援。堂内有二人正在宴饮,二侍者立于门侧。堂外有两棵参天大树,树上有飞鸟数只。

从整个构图来看,画面中的厅堂式建筑、堂内的宴饮人物、堂外的侍者等皆与常见的"祠主受祭图"没有区别,因而画面表现的是亡灵在祠堂

图 2 - 15　江苏铜山县汉王乡东沿村出土的东汉元和三年的画像石

采自《中国画像石全集》第四册，图 19。

中享受生者供奉的场景。但除了这些题材内容外，画面还刻画了占据较大篇幅的生殖崇拜图像。其中树上的飞鸟与屋脊上的凤凰是表现生殖崇拜的常见题材，而屋脊上攀援的猴子则是长生不死的象征。① 这些生殖崇拜图像被刻画在祠堂建筑的周围，使整个画面呈现出"生"与"死"两个截然对立的主题。

此外，我们还可以看到类似的生殖崇拜图。图 2 - 16、图 2 - 17 同样是出土于徐州铜山县汉王乡东沿村的东汉元和三年的画像石。画像中，二鸟衔鱼图被分别刻在一座门阙之上。由于门阙也是墓地的标志，因而即使是简单的构图，画面也展现了"生"与"死"共存的主题。

在东汉早中期的画像石中，除对传统的生殖崇拜图像做了大量的继承

---

① 见葛洪《抱朴子·对俗卷》："蛇有无穷之寿，猕猴寿八百岁，变为猿，猿寿五百岁，变为玃，玃千岁。"《诸子集成》第八册，中华书局 2006 年版，第 9 页。

图 2 – 16、图 2 – 17　江苏铜山县汉王乡东沿村出土的东汉元和三年的画像石

采自《中国画像石全集》第四册，图 20、21。

外，画像设计者还创造出了更为丰富多样的生殖崇拜图。如伏羲女娲与西
王母东王公相组合的形象、手执针灸的扁鹊形象、羽人形象等，这些生殖
崇拜图像则又具有了新的图像学意义。

图 2 – 18 为伏羲女娲与西王母东王公相组合的典型图例。该画像石出
土于山东邹城市郭里乡黄路屯村，为东汉中期的作品。整个画像分上下两
个部分。上面部分刻东王公拱手端坐，两侧为手举日轮的伏羲、女娲，东
王公的下部为伏羲女娲交尾图。画面的下部刻三鸟啄鱼图。三鸟啄鱼图为
传统的生殖崇拜图像，但画面上部的图像则是一种全新的组合。虽然伏
羲、女娲交尾图也是生殖崇拜的常见组合方式，但东王公却是图像中的新

元素。我们知道，东王公是作为仙界的最高统治者西王母的配偶而被创造出来的，因而东王公形象的创造本身就具有生殖崇拜的意义。当然，在仙界中，东王公又承担着独特的职责与功能，即仙界的最高统治者，掌管着长生不死的大权。而伏羲女娲交尾图与东王公的组合，则表明东王公所具有的长生不死的意义是与生殖崇拜紧密相连的。而从这一图像组合可以看到，汉代的升仙思想从某种意义上讲乃是从生殖崇拜观念发展而来的。

图 2 - 18　山东邹城市郭里乡黄路屯村出土的汉画像石

采自《中国画像石全集》第二册，图 84。

　　手执针灸的扁鹊也是汉画像石中的新题材，该图像主要见于出土于山东微山县两城镇的画像石群中（图 2 - 19、图 2 - 20）。两幅画像均为东汉中晚期的作品。在图 2 - 19 中，扁鹊形象刻画在中层画面的最左一侧。该人物手执针石，正在给前面披散着头发的病人进行针刺治疗，扁鹊身后有一神鸟。在图 2 - 20 中，扁鹊被刻画在画面上层的右边部分，他同样是在给披发病人进行施针治疗。

图 2 - 19   山东微山县两城镇出土的汉画像石

采自《中国画像石全集》第二册，图 45。

图 2 - 20   山东微山县两城镇出土的汉画像石

采自《中国画像石全集》第二册，图 51。

在传世典籍中，扁鹊是以医术高超著称的神医。如《史记·扁鹊传》载曰：

扁鹊者，渤海郡郑人也，姓秦氏，名越人。……以此视病，尽见五藏症结，特以诊脉为名耳。为医或在齐，或在赵。在赵者名扁鹊。①

在汉画像石中，这一人物形象已经过了人们的虚构与改造，变成了人面鸟身的神人形象。我们知道，鸟是生殖崇拜的象征②，而神人扁鹊给患者治病则又包含着长生不死的寓意，因而这幅画像同样展现出汉代的神仙信仰与生殖崇拜观念之间的密切联系。

除了上述新题材外，汉画像石中还出现了羽人形象。如在出土于山东滕州市桑村镇大郭村的东汉中期的画像石中③，画面上层的右侧刻有一棵连理树，树上站立着一只身形硕大的凤鸟，前面有一个身长双翼的羽人正在用联珠果喂养它。我们知道，羽人是仙界的主要成员，它的标志是身长双翼。在古人的观念里，鸟的生殖能力与飞翔能力一直是为人类所企羡的，羽人形象的产生则表明了人们试图借助于飞鸟的器官以实现生殖与羽化登仙的愿望。列维—布留尔在分析原始人的思维趋向时指出：

与我们的思维趋向不同的、首先关心神秘的属性和关系的、以互渗律作为最高的指导与支配原则的原始人的思维，对我们叫做自然和经验的那种东西的解释必然与我们不同。它处处见到的是属性的传授（通过转移、接触、远距离作用、传染、亵渎、占据，一句话，通过

① 司马迁：《史记》，中华书局1982年版，第2785页。
② 刘敦愿指出："针灸行医图像所见半神半人的神物，当由鸟图腾崇拜演化而来。"参见《汉画像石上的针灸图》，《文物》1972年第6期。
③ 参见《中国画像石全集》第二册，图206。

许许多多各式各样的行动），这种传授可以在片刻之间或在多少较长的时期内使某个人或者某个物与所与能力互渗；而这些属性则拥有在什么仪式的开始和结束时进行神格化（使人或物变成神圣的）或非神格化（使他或它失去这种性质）的能力。①

羽人形象的创造表现出汉代人对于原始思维的继承与发展。此外，射鸟图、仙人祠凤图等新题材也同样反映出汉代神仙信仰与生殖崇拜之间的关联。

到了东汉晚期，随着宇宙空间图式的完善与成熟，汉画像石中的生殖崇拜图开始与宇宙空间图结合起来，表现了更为丰富复杂的内涵。现以武氏祠前石室为例进行说明（武氏祠前石室画像配置图可参见附录图例）。

在整幅画像中，表现神界空间的画面主要分布于前石室屋顶前坡东西两段的画像中（图2-21、图2-22）。这是一幅神界图，图中包含着大量的生殖崇拜图，如刻画于前坡东段画像中层的伏羲女娲交尾图、双头共身图，前坡西段画像中层的鸟头云身图以及充填于画面空隙处的飞鸟图，等等。这些图像共同表明，"生"同样是神界的基本精神。

表现仙界空间的画像主要分布于前石室东壁与西壁的上石之上（图2-23、图2-24）。如在西壁上石画像中，身形硕大的西王母端坐于正中位置，其左右的侍者有羽人、凤鸟、双头共身的神灵、飞龙等，这些成员均与生殖崇拜密切相关。而在东西两壁的画像中，西王母与东王公的同时

---

① ［法］列维—布留尔：《原始思维》，丁由译，商务印书馆1997年版，第92—93页。

图 2 - 21 武氏祠前石室屋顶前坡东段画像

采自《中国画像石全集》第一册，图 72。

图 2 - 22 武氏祠前石室屋顶前坡西段画像

采自《中国画像石全集》第一册，图 73。

出现也反映了生殖崇拜的观念。由此可见，仙界空间的存在同样与生殖崇拜观念有着密不可分的关系。

前石室后壁的小龛后壁画像同样包含着大量的生殖崇拜图。该画像分

图2－23　武氏祠前石室东壁上石画像

采自《中国画像石全集》第一册，图57。

图2－24　武氏祠前石室西壁上石画像

采自《中国画像石全集》第一册，图55。

为上下两层，生殖崇拜图集中分布于画面上层：其右刻"前堂后室"建筑，展现的仍然是传统的亡灵接受生者祭拜的场景，而在"后室"建筑的屋檐上方，则刻有三只身形硕大的凤鸟，中间有一羽人正在饲养凤鸟。两边双阙的重檐上，还有栖息的鸟与探头的龙。这些构图也是生殖崇拜的象征。建筑左侧刻画的是树木图，树木之上有飞鸟数只，右侧有一人正拉弓射击。这也是汉画像石中常见的生殖崇拜图像。

图 2 – 25　武氏祠前石室后壁小龛后壁画像

采自《中国画像石全集》第一册，图 66。

汉画像石中大量的生殖崇拜图充分展现了汉代人对于"生"的强烈祈愿与不懈追求。值得注意的是，从汉画像石中生殖崇拜图像的发展演变轨迹可以看到，汉代升仙思想的形成和发展与汉代盛行的生殖崇拜观念有着密不可分的关系。

二　汉画像石中的升仙题材及意义

大约从东汉早期开始，画像设计者开始普遍致力于仙界图式的构建，如出土于山东嘉祥县城东北洪山村的汉画像石便展现了早期仙界图的基本构图模式（图 2 – 26）。该画像石为东汉早期的作品。整个画像上下分为三层。上层刻西王母正面凭几而坐，身旁左右各一持仙草跽拜者，右又有双手各持一剑的立姿蟾蜍，有鸟首人身者持笏跪坐，下有玉兔捣药、调药，另有九尾狐蹲立。中层左段刻酿酒图，右段刻投壶游戏。下层为胡汉交战图。可以看到，整幅画像的上层表现的是以西王母为中心的仙界图。

图 2 - 26　山东嘉祥县城东北洪山村出土的汉画像石

采自《中国画像石全集》第二册，图 94。

　　随着仙界图式的确立，这一时期，升仙图也开始出现在汉画像石中。图 2 - 27 是出土于山东嘉祥县纸坊镇敬老院的汉画像石。该画像石为东汉早期的作品。整个画像上下分为五层。第一层刻以西王母为中心的仙界。第二层刻仙车两辆。前车由长尾凤鸟驾牵，后车由飞鸟驾牵；车上仙人或头戴高冠，或披长发，肩生双翼，车下云雾缭绕。第三层刻公孙子都暗射颖考叔的历史题材。第四层刻车马出行图。第五层刻狩猎图。不难看到，该画面中的第一层与第二层表现的应是升仙图。

　　到了东汉中后期，仙界图与升仙图已成为画像石中最为重要的题材之一。如图 2 - 28 是出土于山东嘉祥县满硐乡宋山的画像石。该画像是东汉晚期的作品。整个画像上下分三层，其中上层刻以西王母为中心的仙界图。这种将仙界图配置在画面上层的构图形式是东汉中后期画像最为基本的特征。这一时期，表现升仙的题材大量地见于出土于四川的汉画像石棺中。出土于四川南溪城郊长顺坡的二号汉画像石棺即为其中一例（图 2 -

图 2 – 27　山东嘉祥县纸坊镇敬老院出土的汉画像石

采自《中国画像石全集》第二册，图 119。

29）。该图上下分为两层。上层画面左起刻二仙女六博对弈，右刻五人饮酒叙谈。下层画面左起刻西王母端坐于龙虎座上，其右刻一妇女，头绾高髻，身着长裙，左向面对西王母。中刻一半掩大门，门内有一仙女探头。右为一老妪，手托节杖，身后刻一羊一鸟。右刻一男一女在叙谈，左右有侍者，各执金吾。

整个画面表现的场景可分为三个部分。左边部分表现的空间应是以西王母为中心的仙界，右侧妇女是向西王母求取长生不死之药的人物。中间部分包括仙人半开门与道士，画面表现的是道士[①]引导升仙的场景。右边部分表现的应是升仙人物与亲属道别的场景。

---

① 手执节杖是早期道士的标志。

图 2 - 28　山东嘉祥县满硐乡宋山出土的汉画像石

采自《中国画像石全集》第二册，图 96。

图 2 - 29　四川南溪城郊长顺坡出土的二号汉画像石棺

采自《中国画像石全集》第七册，图 135。

　　除了表现升仙的场景，在四川汉画像石棺中，还出现了诸多早期道教元素，如出土于四川泸州大驿坝的泸州 1 号石棺左右两侧分别刻画了持丹的道士、丹鼎等图像。①

　　因而，从汉画像石中仙界空间的确立与升仙题材的增多可以看到，汉

---

　　①　参见罗二虎《汉代画像石棺》，巴蜀书社 2002 年版，第 118 页，图 120、图 121。

代人对"生"的执着追求已上升到了神仙信仰的高度。

通过以上分析可以看到，"祠主受祭图"、"车马出行图"、"生殖崇拜图"及"升仙图"等乃是汉画像石中最为基本的题材，这些题材表明了汉画像石图像艺术除了反映一个关于"死"的主题之外，还展现了一个关于"生"的主题，而这两个主题的同时存在则又表现了汉代人对于生命的强烈渴望与执着追求。

第三节　汉画像石中乐舞百戏图所展现的汉代生死观

在汉画像石中，乐舞百戏图是较为常见的题材，它富于变化的图像组合同样展现了汉代人丰富的生死观念。

一　祭祀亡灵的乐舞百戏图

在一组由多个题材组合而成的汉画像石群中，我们注意到乐舞百戏图与其他题材在图像组合上呈现出一定的规律性特征，即它们在多数情况下是与祠主受祭图及庖厨图组合在一起出现。

在西汉中晚期的画像石中，乐舞百戏图一般是被安排在石椁的长椁板上的左右两格中的其中一格，而它的相邻一侧配置的则是祠堂建筑图（厅堂建筑图或"楼阁"建筑图）。

图2-30、图2-31两幅画像均雕刻于石椁长椁板上，二者也皆为出土于山东微山县的西汉宣帝至元帝时期的作品。其中图2-30的画面分为三格。左格刻三根高橦竖地上，其中两边橦顶上各有一人倒立，中间橦顶

上一人长袖起舞；中间橦两边有斜索与两边橦相连，斜索上一人缘索下沿。三橦边站有保护人和观者。此画像表现的是橦戏。中格刻"楼阁"建筑图。"楼上"人物宴饮，六博游戏；"楼下"仆人抬壶、敬酒食，正欲拾阶而上；"楼外"左边一人一马，右边二人拱手立。右格为升鼎图。图2-31的画面也分为三格。左格刻一人汲水，二人烧龟，一人切肉，二人杵臼，一人躬腰端盆，另有二人席地而坐。此画面当为庖厨图。中格刻"楼阁"建筑图。上层"楼阁"有二人正在六博游戏，四人宴饮，另有侍者三人；"楼下"三人拾阶而上，门外有人、马。右格刻虎座建鼓立中央，羽葆飘两旁，二人击鼓，二人观赏；下有二人长袖起舞，旁有乐人伴奏。此画像当为乐舞图。

图2-30　山东微山县微山岛沟南村出土的西汉宣帝至元帝时期画像石

采自《中国画像石全集》第二册，图56。

同样的图像组合还可见于出土于山东滕州市城郊马王村的西汉哀帝至平帝的画像石中。图2-32的整个画面分为三格。左格，建鼓高立中央，羽葆飘两旁，二人持枹边击鼓边舞蹈；另二人吹排箫。中格，"一楼"二阙。"楼上"女主人正中坐，两侧二侍者；"楼下"男主人端坐，左有二人长袖舞。右格，水上一榭，榭上二人钓鱼，旁有一人划船。

图 2 – 31　山东微山县微山岛沟南村出土的西汉宣帝至元帝时期画像石

采自《中国画像石全集》第二册，图 57。

图 2 – 32　山东滕州市城郊马王村出土的西汉哀帝至平帝的画像石

采自《中国画像石全集》第二册，图 200。

　　从构图形式来看，以上三幅画像中的"楼阁"建筑图表现的应是相同的图像学意义。又经研究表明，"楼阁"建筑图的原型是地面祠堂，即为祠堂建筑图的早期形态（参见第四章）。[①] 因而中格画面表现的应是墓主在地面祠堂接受子孙祭祀的场景，即为"祠主受祭图"。但由于画面中乐舞百戏图与"楼阁"建筑图被分列于两个完全独立的框格内，因而二者在图

---

① 参见信立祥《汉代画像石综合研究》，第 101 页。

像学意义上所存在的关联并没有得到清晰的展现。

到了东汉时期，画像面积得到了进一步拓宽，这一时期的乐舞百戏图则通常与祠堂建筑图组合在了同一画面之中，而二者之间的图像学意义也变得更为明晰。

图2-33为出土于山东微山县两城镇的东汉中晚期画像石。整个画面分为上下两层。上层为厅堂画像。中央刻一厅堂，厅堂内一人正面端坐，门外右侧一侍者立，左侧两人亦正面端坐；房屋顶上有羽人、凤鸟；厅堂左右各有一阙，两旁各立一拥篲人。下层，乐舞杂技图。其中右为乐舞，一人抚琴，二人舞蹈，一小孩戏学舞蹈；左为杂技，有跳丸者、倒立者等，中间四人为观者。上层厅堂中的人物应是亡灵，亡灵与左边两人均正面端坐，而他们的前方正是乐舞图。很明显，画像设计者将乐舞图移位于厅堂建筑图之下，其目的正是为了将二者的图像学意义连接起来以展现一个完整的场景，即居于祠堂中的墓主正在欣赏生者为之敬献的祭祀乐舞。

图2-33   山东微山县两城镇出土的东汉中晚期的画像石

采自《中国画像石全集》第二册，图47。

相似的图像组合还可见于出土于邳州陆井墓的东汉时期的画像石中（图2-34）。该画像整个画面分为上下两层。下层刻车马出行图。上层正中刻厅堂建筑图。屋内正中有二人相对而坐。厅堂右边刻一有虎形跗座的建鼓，中间建木高竖，鼓身高悬建木之端，二鼓手持桴击鼓。厅堂左侧刻珍禽异兽。与上图相同，厅堂建筑即为地面祠堂建筑，堂中的人物则为亡灵。与祠堂建筑图的结合，表明建鼓舞是供亡灵享用的祭祀性乐舞。

图2-34　邳州陆井墓出土的东汉时期的画像石

采自《中国画像石全集》第四册，图144。

为了更为生动地展现亡灵的美好生活，画像设计者有时也会在祠堂建筑图中增添亡灵宴饮、六博等生活场景。图2-35为出土于四川成都郫县新胜的一座石椁椁身右侧的画像。整个画面的中部刻"二重楼阁"。上有女性凭窗眺望。下层为正厅。厅内五人并排而坐，前面摆放几案宴席，五人一边饮酒交谈，一边欣赏着"楼阁"外左侧的乐舞百戏。"楼阁"的右侧有一车马，内有一人，车马前后有侍者。从车马行进的方向来看，此车的目的地应是前方的"楼阁"。因而整个画面表现的是地下的亡灵来到地面的祠堂接受子孙宴飨的场景，而画面中的乐舞则是生者向亡灵敬献的祭祀性舞蹈。

图 2-35　四川成都郫县新胜出土的 1 号砖石墓的石椁椁身右侧画像

参见罗二虎《汉代画像石棺》，第 18 页。

除了与祠主受祭图组合在同一画面外，汉画像石中的乐舞百戏图也常常与庖厨图组合在同一画面之中。

图 2-36 是出土于山东邹城市的东汉早期的画像石。整个画像分为左右两格。左格四层，皆为人物画像。右格分为上下两层。上层右边刻一建鼓，卧羊式座，两旁有击鼓、吹竽、吹排箫者；在建鼓顶杆上左右各斜拉一绳，有八人在斜绳上作攀登、行走、仰卧、倒立、跳丸等杂技动作；建鼓的右侧有长袖舞蹈和坐观人物一排。此为观赏乐舞杂技图。下层自左而右刻椎牛、烧火、切肉、和面；右上角停一无盖马车，马前二人正搬运东西。下层画面表现的应是庖厨图。庖厨也是祭祀礼仪的重要内容。《后汉书·礼仪志》载：

东都之仪，……公卿群臣谒神座，太官上食，太常乐奏食举……[1]

---

[1]　范晔：《后汉书》，第 3103 页。

《后汉书·礼仪志》载：

> 正月，天郊，夕牲。……进熟献，太祝送，旋，皆就燎位。宰祝举火燔柴，火然，天子再拜，兴，有司告事毕也。明堂、五郊、宗庙、太社稷、六宗夕牲，……进熟献，送神，还，有司告事毕。六宗燔燎，火大然，有司告事毕。①

汉代人认为，通过向先祖敬献各种具有神性的牺牲，可以起到沟通神灵的作用。而汉画像石中的庖厨图则表现出人们在祠堂旁准备牺牲以祭祀亡灵的场景。我们认为，乐舞图与庖厨图之所以被安排在同一画面，也正是由于二者均属于祭祀祖先的礼仪活动。

图 2-36　山东邹城市师范学校附近出土的东汉早期的画像石

采自《中国画像石全集》第二册，图92。

---

① 范晔：《后汉书》，第3105页。

通过以上分析可以看到，乐舞百戏图与祠主受祭图、庖厨图的组合乃是汉画像石中最为基本的图像配置方式。当然，随着构图形式的程式化趋向，汉画像石中也出现了作为独立画面的乐舞百戏图。图2-37为出土于山东省滕州市龙阳店镇的东汉晚期的画像石。该画像的整个画面分为两层。上层中央刻建鼓，羽葆飘两侧，二人边击边舞；鼓杆顶上蹲一人，建鼓周围有舞蹈者、摇鼗者、倒立者、飞剑者、跳丸者。下层刻车马出行图。画像中的乐舞百戏图虽然是完全独立的一个题材，但它的图像学意义同样表现的是亡灵享用的祭祀性乐舞。

图2-37　山东省滕州市龙阳店镇附近出土的东汉晚期的画像石

采自《中国画像石全集》第二册，图160。

二　助亡灵升仙的乐舞百戏图

东汉早期，仙界空间图式在汉画像石中得到进一步的确立。这一时期的乐舞百戏图则具有了升仙的意义与功能。图2-38是出土于山东微山县两城镇的画像石。该画像分为上下两层。画面中央刻一建鼓从下层的底部一直延伸到上层的顶部。建鼓上端的羽葆向左右两侧延伸出去,将画面分为上下两个不同的空间。羽葆之上停留着大鸟。其左端,有二羽人正在喂一凤鸟;右端为白兔、羽人。羽葆之下刻乐舞百戏图。画面中央为两人双手执枹击鼓,鼓旁有乐舞杂技,左边有抚琴者、吹竽者、吹排箫者列坐。右边有一人跳丸、一人倒立、一人舞蹈,另有观者数人、狗两只。以建鼓为中心向两端延伸出去的羽葆正如将两层空间分开的界限,羽葆之上的空间是以羽人、神鸟为代表的仙界,而羽葆下部的空间象征的乃是地面人界空间,这里正在举行祭祀性的乐舞活动。建鼓由地面高耸入仙界,表明其可以将人们的祈愿传达到仙界,并帮助人们升仙。

图 2 – 38 山东微山县两城镇出土的汉画像石

采自《中国画像石全集》第二册,图 48。

相同的画像还可见于出土于山东滕州市岗头镇西古村的东汉晚期的汉画像石中。[①]画面正中竖一建鼓,建鼓上部的羽葆向左右两边延伸出去,

———————————

① 参见《中国画像石全集》第二册,图 188。

羽葆之上有飞翔的羽人、凤鸟、双身共头兽以及一蛇缠五首人面兽。羽葆之下为二人执枹击鼓，鼓左有一人抚琴，一人倒立，一人弄丸，一人观看。画面的右侧有一树，树上仙人饲凤，树下二羽人持剑格斗。可以看到，在该幅画像中，不仅有地面上的人在表演乐舞百戏，甚至有仙界中的羽人也参与其中，其所表现的神仙信仰已十分浓烈。从建鼓羽葆上下部的画像内容来看，羽葆之上的空间表现的应是仙界，而羽葆之下的空间表现的应是人界。而建鼓上的楹木高耸入仙界，则表明建鼓具有帮助升仙的功能。关于鸣鼓助人升仙的记载在传世文献中也不乏其例。如《汉书·王莽传》：

> 或言黄帝时建华盖以登仙，莽乃造华盖九重，高八丈一尺，金瑵羽葆，载以秘机四轮车，驾六马，力士三百人黄衣帻，车上人击鼓，挽者皆呼"登仙"。①

《汉书》所述与汉画像石中的建鼓以助升仙的场景是十分相似的。

此外，汉画像石中还存在着一些特殊的乐舞百戏题材，如羽人击剑格斗图。我们知道，剑舞是秦汉宴饮活动中常见的娱乐方式，《史记·项羽本纪》记载：

> 沛公旦日从百余骑来见项王，至鸿门，……项王即日因留沛公与

---

① 班固：《汉书》，第 4169 页。

饮。……范增起，出召项庄，谓曰："君王为人不忍，若入前为寿，寿毕，请以剑舞。因击沛公于坐，杀之。不者，若属皆且为所虏。"庄则入为寿。寿毕，曰："君王与沛公饮，军中无以为乐，请以剑舞。"项王曰："诺。"项庄拔剑起舞，项伯亦拔剑起舞，常以身翼蔽沛公，庄不得击。……①

可见，在秦末之际，舞剑格斗已是一种常见的娱乐活动。在出土于山东微山县两城镇的画像石中（图2-39），建鼓舞的右侧刻画的是二羽人在表演持剑格斗的舞蹈。由于画面中的建鼓舞与仙人饲凤图组合在一起，故可以推断画像中的乐舞百戏已具有了升仙的功能与意义。

图2-39　山东滕州市岗头镇西古村出土的汉画像石

采自《中国画像石全集》第二册，图188。

同样的画像还可见于出土于山东省滕州市岗头镇西古村的汉画像石中

---

① 司马迁：《史记》，第312—313页。

（图2-40）。该画像左侧刻常羲捧月图，月轮中可见玉兔、蟾蜍。右边画面上下可分三层，上层左侧为二羽人表演持剑格斗的舞蹈，右侧一人左向，一人左向立站，二人显然在观看羽人的节目表演。中层刻一武士，其侧立二人。下层正中刻二人对坐交谈，身后刻持便面者。从画面上层观看人物的穿着衣饰判断，端坐之人乃是汉画像石中常见的亡灵形象。那么羽人持剑舞蹈则是为亡灵表演的。由此可见，该类乐舞图也同样具有助死者升仙的意义。

图2-40　山东省滕州市岗头镇西古村出土的汉画像石

采自《中国画像石全集》第二册，图190。

除了配置于祠堂建筑图之前的乐舞百戏图之外，到了东汉中后期，随着仙界空间在汉画像石中的确立，乐舞百戏图也开始出现在仙界空间之中。这类画像在四川汉画像石棺中尤为多见。图2-41为出土于长宁县七个洞7号崖墓左侧崖棺外侧的画像。

该画像的内容为：一人骑马，引辔趋行，此人戴冠著宽袖袍。马前刻

图 2–41　长宁县七个洞 7 号崖墓左侧崖棺外侧的画像

采自罗二虎《汉代画像石棺》，第 112 页，拓本 48。

一硕大的凤鸟，冠上戴"胜"，展翅扬尾，一足前举，作引路状，均向右边天门方向前进。天门的"门楼"中层一门半开，一人探头张望，这是"仙人半开门"的图像。在"门楼"的内侧，二人分别手掷短剑、弹丸，正在表演杂技。[①]

不难推断，"门楼"右侧的骑马者应是亡灵，前面的"楼门"表现的应是通往仙界的门阙。[②] 根据亡灵行进的方向来看，其前往的方向乃是仙界。由于画像中的百戏图被配置于"门楼"的内侧，故该百戏乃是仙界之内的娱乐生活。

四川彭山县双河崖墓石棺画像则将这种仙界中的娱仙性乐舞活动表现得更为明晰。该棺的年代大约是在东汉中晚期。其棺身一侧图像（图 2–

[①]　图像说明参见罗二虎《四川画像石棺》，第 112 页。

[②]　与其他地域汉画像石中的门阙不同，四川汉画像石中的门阙表现的多是通往仙界的门阙，即所谓的"天门"。如出土于四川简阳县鬼头山崖墓 3 号石棺左侧的门阙上明确标注了"天门"二字；再如，出土于四川长宁县七个洞 4 号崖墓门外的汉画像石上也明确标注了"天门"二字。而从整体上看，表现升仙思想也是四川汉画像石最为重要的主题。参见罗二虎《四川画像石棺》第 73 页、第 102 页，图 59、图 104；赵殿增、袁曙光《"天门"考——兼论四川汉画像砖（石）的组合与主题》，《四川文物》1990 年第 6 期。

42）为：画面中间刻西王母图像，西王母端坐于龙虎座上，她头上戴冠，双手拱置于胸前，其座下龙虎皆生双翼。西王母左侧有一只九尾狐与三足鸟。右侧有一正在翩翩起舞的蟾蜍。蟾蜍右侧有三人，其中上面两人均裸体跪坐，头上绾着高高的双髻，一人正在弹琴，一人好似在吹箫。这是四川画像石棺中常见的仙人形象。下面有一人直立，双手捧物，可能是仙界的侍者。[①] 三人中间为一鼎。西王母右侧刻画的是仙界成员表演的乐舞图。很明显，该画像的图像学意义指的是供西王母欣赏的乐舞，也即为娱仙性乐舞。

图 2-42　四川彭山江口乡双河崖墓出土的石棺画像

采自《中国画像石全集》第七册，图 149—151。

同样的画像还可见于出土于山东嘉祥县满硐乡宋山的汉画像石中（图2-43）。该画像的整个画面分为四层。上层画面正中刻东王公凭几端坐，左侧一马首人身者捧杯献玉浆；其后有一手持仙草者，一人首犬身者踞奉；东王公右侧刻一人手持两枝三珠果，他手牵一鸟、一狐；最右侧则有

_____

① 图像说明参见罗二虎《四川画像石棺》，第 46 页。

一犬正在吹奏着一只长笛。正如前面的供奉者一样，犬的吹奏当然是属于供奉东王公的表演活动。

图 2 - 43　山东嘉祥县满硐乡宋山出土的汉画像石

采自《中国画像石全集》第二册，图 99。

除了以上供仙界成员欣赏的娱仙性乐舞外，四川汉画像石中还出现了仙人自娱性的乐舞（图 2 - 44）。如出土于彭山县梅花村 496 号崖墓的汉代石棺中的画像即为其中一例。棺身右侧的图像内容为：整个画面刻绘了三座巨大的仙山。左侧仙山上坐二仙人，他们正在玩六博游戏。中部仙山上坐一人，身着长袍，头戴高冠，此人面朝右边仙山上的两人，手中正在抚琴。右侧仙山上坐两人，也皆高冠长袍，他们面向左侧抚琴者，似在认真倾听着抚琴者的弹奏。[1] 居于仙山之上的人物显然是仙人。从他们的生活

---

[1]　参见罗二虎《四川画像石棺》，第 52 页。

方式来看，世俗中的六博游戏及乐舞表演已经成为这些仙人的娱乐方式。

图 2 – 44　四川彭山县梅花村 496 号崖墓汉代石棺棺身右侧画像

采自罗二虎《四川画像石棺》，第 52 页，图 36。

　　安丘汉墓的画像石则更为生动形象地描绘了仙界乐舞百戏的热烈场面。图 2 – 45 是安丘汉墓中室室顶北坡西段的画像。整个画面的外围刻绘有卷云纹、水波纹、垂幛纹等边饰。画面内刻乐舞百戏图：左上方二人踏鼓对舞，左者执便面，挥长巾；其左二人坐观，右三人坐于席上击铙、鼓伴奏。乐舞者下二羽人玩六博，四羽人围观；其左一跪者执物向一侧立者进奉，另一羽人做舞；其右二人捧物左向跪，一骑者及二吹管、荷殳步卒左向行。右下边二翼兽衔鱼及一仙人戏翼兽左向行，其后一兽、一鸟及一人执笏左向跪。右边一人手托十字形大橦，二童沿竿而上，六童在橦竿上表演倒立、倒挂，橦顶方板上一童倒立；其右侧一人表演飞剑掷丸，一人倒立，六人坐观，并有一羽人右向行；右下二翼虎左向行。[①] 在安丘汉墓的室顶坡段上的画面所象征的应是仙界的空间。整个画面表现了三种不同

_____

的乐舞百戏图：踏鼓舞、都卢寻橦①、跳丸剑②等。在这些乐舞百戏图中不仅有世俗之人的表演，也有仙人的参与。整个画面将仙界中人仙共舞的场面表现得十分热烈。由此可见，世俗生活中的乐舞百戏已经进入仙界，成为仙界的重要娱乐方式。

图 2 - 45　山东安丘汉墓中室室顶北坡西段画像

采自《中国画像石全集》第一册，图150。

汉画像石中乐舞百戏图进入仙界的现象表明，在汉代人的观念里，仙界已不再是一个仅以供奉西王母、东王公为中心的世界，它也有着与世俗

① 萧亢达说："'寻橦'之技，今天称为'长竿技艺'。……这是指小矮人缘矛戟之柲以为戏，汉代称为'都卢寻橦'。"（张衡《西京赋》）参见萧亢达《汉代乐舞百戏艺术研究》，文物出版社 1991 年版，第 298 页。

② 萧亢达说："'跳丸'、'跳剑'、'跳丸剑'属于手技类杂技，是一种用手熟练而巧妙地耍弄、抛接各种物体的技巧表演。因其所抛弄（跳）的器物不同，难易略有差别。……而'跳丸剑'是抛接若干个（把）小圆球和剑，物体轻重有别，又要把持着手，这就更难了。"参见萧亢达《汉代乐舞百戏艺术研究》，第 284 页。

生活一样丰富多彩的娱乐生活。余英时先生曾在《东汉生死观》中极具洞察地指出：

> 在汉代的文献中，我们开始发现"仙"有时也享受定居生活，他们不仅将家人带到天堂，而且还把在人间的所有动产也带到天堂。在我看来，这一变化似乎不应从汉代社会发展中孤立出来，在这种发展中，个人的家庭纽带日益强化。……①

余英时先生从汉代所流传的携带家眷升仙的传说中敏锐地洞察到，汉代的神仙信仰具有强烈的世俗性特征，他说"无论哪种情况，时人执着于依恋此世的强烈感受的程度显得非常鲜明"②。我们同样认为，汉画像石中，刻画于仙界空间的乐舞百戏图也正是时人世俗欲望的延伸。

第四节　汉画像石中叠人画像所展现的汉代生死观

除了上述较为常见的题材外，汉代画像石中还有一类十分鲜见的题材——叠人画像，这类题材同样展现了汉代人丰富的生死观念。

目前这类题材可见于山东省平阴县孟庄墓与山东省安丘墓，山东省泰安市的大汶口墓也有少量分布。这些画像皆刻绘于墓中各室的立柱之上，造型多样、姿态万千。它们或人与人相叠，或人与兽相叠，或兽与兽相

---

① ［美］余英时：《东汉生死观》，第46页。
② 同上书，第9页。

叠，整个画面自上而下重重相叠、密布无隙，展现出一种无限延伸与循环的视觉效果。由于在表现技法上，画像或采用高浮雕、浅雕以及透雕的技法，或采用减地平面线刻的技法，加之分别刻绘于立柱之上，给人带来极强的视觉冲击（图 2-46）。

图 2-46　安丘汉墓后室中间圆柱画像

采自《中国画像石全集》第一册，图 175。

对于汉画像石中叠人画像的图像学意义，研究者早已产生了浓厚的兴趣。李锦山先生对孟庄汉墓的叠人画像进行了考释，他指出该画像表现的是汉代百戏娱乐的场面。[1] 但我们认为，这一结论并不符合实际。事实上，我们如果将汉画像石中的叠人画像与原始艺术中的生殖崇拜图像进行对比研究，就会发现二者之间存在着明显的继承关系，因而我们认为该画像展现的是生殖崇拜的主题。但值得注意的是，由于汉代神仙信仰的影响，该

---

① 李锦山：《孟庄汉墓立柱画像石考释》，《文物》2004 年第 5 期。

画像则又展现出生殖崇拜观念与升仙信仰相融合的特征。

一　山东孟庄汉墓的叠人画像及其意义

山东平阴县孟庄汉墓的叠人画像分别雕刻于墓前室西侧室中立柱、墓前东侧室门中立柱、中室南门中立柱、中室东侧室门中立柱、中室西侧室门中立柱以及后室门中立柱之上。除中室东侧室门中立柱画像采用浅浮雕的技法外，余皆采用减地平面线刻的雕刻技法。在图像布局上，各图均由界栏分为上下两层，大多由相互交接的人与动物组合而成，图像布局与内容也约略近似。其中墓前室西侧室中立柱画像（图2-47）可分为上下两层，每层则又分成上下两列，以人物为主，其间夹杂熊、鸟、鹿等异兽。上下两列人物、异兽或相互托举或相互踩踏，形成连接不断之势，图像中部刻一神人将上列的熊双手托起。横列人物之间同样或踩踏或触摸对方腰部、头部、脚部、膝部、臀部等身体部位，形成相互连接之势。下列图像与上列相类似，左侧有男女二人做拥抱交媾状，也有异兽穿梭其间，或两兽相互踩踏，或与人物相互触摸交接。下层图像与上层也大体相类似，其中有两人倒地做交媾状，右下方则有两只形体较小的凤鸟踩踏在另两只形体较大的凤鸟之上。墓前室东侧室门中立柱画像皆为人物托举、踩踏图像。墓中室南门中立柱的画像也与墓前室西侧室的画像（图2-48）基本相类似，多为人兽踩踏、托举图像，姿态各异，右侧则绘制一条大鲵，头朝下占二列人物的画面。下层内容与上层相类似，唯与大鲵相对处为一羽人。此外，墓中室东侧室门中立柱、墓中室西侧室门中立柱以及后室门中立柱等画像也与墓前室西侧室中立柱的画像大体相类似。

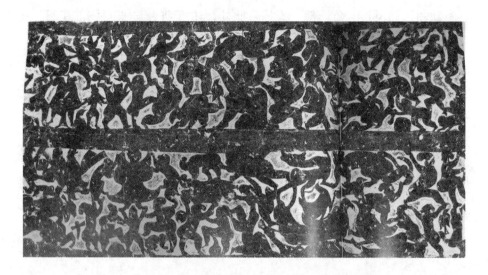

图 2 – 47　山东平阴县孟庄汉墓墓前室西侧室中立柱画像

采自《中国画像石全集》第三册，图 191。

图 2 – 48　山东平阴县孟庄汉墓墓中室南门中立柱画像

采自《中国画像石全集》第三册，图 193。

　　从以上几组画像可以看到，这些叠人画像不仅内容繁复，而且造型奇特。就图像的构成成员来看，有各类人物，包括男人、女人、小孩；也有各类动物，如凤鸟、象、熊、鹿等；此外，还有羽人与神人分布其间。从各成员的形体姿态来看，大多腹部丰硕、肥臀凸出；从各成员之间的组配方式来看，则有人与人的组合、人与动物的组合、动物与动物的组合以及羽人、神人与人和动物的组合；从各成员的组配姿势来看，则有踩踏、托举、触摸、接吻、交媾、刺杀等一系列的交接动作。那么，这些图像究竟反映了怎样的主题呢？翻到史前文明的一页，我们可以从岩画的内容中得到一些启示。

图 2－49　康家石门子岩画局部

采自王爱军等《新疆呼图壁康家石门子岩画探析》，《石河子大学学报》（哲学社会科学版）2006 年第 2 期。

康家石门子岩画位于新疆呼图壁县雀尔沟乡境内，李现国在释读这些图像时指出：

在面积达 100 多平方米的岩画画面上，布满了二三百个大小不等的男女人物，大者过于真人，小者只有一二十厘米。他们或卧或立，或衣或裸，手舞足蹈，神态不同，身姿各异。其中，男像大多清楚地显露出艺术夸张的生殖器；女像则刻画的宽胸、细腰、肥臀，有的亦显示出生殖器。在男女交媾的图画之下，又有群列的小人。画面所见的虎、猴等动物，也无一例外地作交媾或欲交媾的情状。这些都十分明白地表示出当时人们祈求生殖、繁育人口的炽烈愿望与要求。[1]

我们知道，在先民的观念里，动物与人之间并无本质的差别，因而要实现生育繁衍的目的，不仅可以通过人与人的交媾实现，还可以通过人与动物的交媾实现，这一点在岩画中有生动地体现。不仅如此，先民还认为人与动物的生殖力可以互相传递，人可以通过某种方式从生殖力强大的动物或神人那里获取这一功能，从而达到繁衍后代的目的。这在岩画等视觉艺术中则表现为通过触摸的动作如拉、摸、牵、踏等以达到人、动物之间生殖力的相互传递。当然，在先民的观念里，除了通过直接接触的方式可以实现生育的目的之外，人们还可以借助于特殊的工具如剑、箭、枪等来延伸自己的生殖力，并通过刺、射等行为来达到与对方交配的目的。牛克诚在释读阴山岩画时指出，岩画中存在一种叫做"距离交合式"的生殖巫术图像，这类图像在阴山岩画中表现为：人用弓箭刺向动物阴部的动作。牛克诚指出，这类生殖巫术图像说明：

　　弓箭是人与动物联系的中介，它或者象征着生殖力的传递，或者

---

① 李现国：《雕凿在岩壁上的生殖崇拜史》，《瞭望周刊》1988 年第 20 期。

象征着异性因素的交合。①

原始岩画以视觉形式向我们展现了先民关于生殖崇拜的观念，为我们进一步解读汉代叠人画像提供了重要的线索。可以看到，汉代叠人画像与原始岩画之间的继承性是十分明显的。就画像中人与人、动物与动物直接交媾的动作来看，其图像学含义与原始岩画中的人兽交媾并无不同，虽然后者表现得更为裸露扩张，但二者无疑均表现了生殖崇拜的含义。而画像中人与人、人与动物之间相互踩踏或触摸身体部位的图像，虽在造型上与原始岩画差异较大，但二者的图像学含义也无不同，同样表现了人与人、人与动物以及动物与动物之间，甚至人、动物与神之间生殖力的相互传递。而画像中刺虎的行为表现的也是生殖崇拜的含义，剑就好比人的生殖器的延长，人通过剑可以接触到距自己较远的动物，借此以获得其生殖力的传递。这些内容几乎占据画像的绝大部分空间，因而汉代叠人画像表现生殖崇拜的主题也是十分明显的。

二　山东安丘汉墓的叠人画像及其意义

山东安丘汉墓的叠人画像同样绘制于各墓室中的立柱之上，分别是墓室中的前室中室立柱、后室中间柱、后室立柱之上。三处画像的共同特征仍然是以刻绘人兽交错相叠的图案为主。其中人与人交接的画像主要见于安丘汉墓前、中室间的立柱之上，该柱身共雕刻人物（包括人面）43 个。

---

① 牛克诚：《生殖巫术与生殖崇拜——阴山岩画解读》，《文艺研究》1991 年第 3 期。

此外，该类图像还见于墓后室后立柱之上，其东面两棱上刻上下相叠的八个人物。由于画像主要采用高浮雕与浅浮雕的雕刻技法，因而人体显得丰满而有质感，富有很强的立体效果。人物多以刻绘侧面为主，着重突出了其胸部、腹部、臀部与腿部丰满肥厚的线条（图2-50）。

图2-50　山东省安丘汉墓前、中室间立柱画像

采自《中国画像石全集》第一册，图172。

从人物造型来看，安丘汉墓的叠人画像十分类似于红山文化中生育女神的形象。红山文化中生育女神造型（图2-51），其双乳及腹部凸起，臀部丰满，双手托着小腹。从外形上看，她们的胸、腹、臀已被明显夸大，尤其是腹部高高隆起，这是生殖的象征。对生育女神的塑造表现了先民祈求多生多育的愿望以及对孕育、生产新生命的女性的崇拜。对比人物造型，画像石中的叠人画像与红山文化中的生育女神应具有同样的内涵，均表示了生殖崇拜的含义。

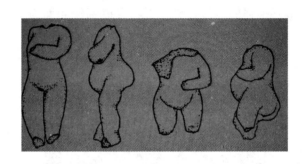

图 2 – 51　红山文化中的生育女神图像

采自陆思贤《红山文化裸体女神像的神话考察》，《文艺理论研究》1993 年第 3 期。

　　在人物的组合方式上，叠人画像中人物有的蹲踞、双手上举，或踞坐，或互相依偎，有的并肩而立，有的互相拥抱，有的小儿依附于成人背上，还有一妇女抱婴儿哺乳，姿态各异。人物间又以人面填隙。人物多数脸带微笑，个别吐舌，少数有胡须，多着简单衣饰，也有半裸或裸体，也有双头共身相。这些图像的组合方式与上图的康家石门子岩画也极为近似。除此之外，叠人画像还在裸交的二成年人中间刻画了人事未通的孩童，这与康家石门子岩画中所刻画的双人头共身像以及刻绘于人物腹部的人头像具有相同的图像学意义，象征了生命的孕育。

　　相似的叠人画像还见于山东大汶口墓前室北壁中柱画像与前室中立柱的画像之上。就图像内容与构图形式来看，二者与山东平阴县孟庄墓与山东安丘墓的叠人画像也十分近似，刻绘的大多是人兽交接之状，或丰臀相接、或双尾相交，同样表现了生殖崇拜的主题。

三　墓室石柱与生殖崇拜

画像设计者将这些造型独特、姿态各异的生殖崇拜画像雕刻于立柱之上，也有着独特的寓意。事实上，将石柱视为男根而加以崇拜是古已有之的习俗。先民们认为，柱状或条状的石器具有坚硬、直挺的特征，是男性生殖器的象征，因而将之视为"石祖"并加以崇拜。对于"石祖"的崇拜在民俗学材料中有大量的例证，赵国华在《中国考古新发现与少数民族的生殖崇拜》中指出：

> ……木里县大坝乡山坡上也有一个敞口岩穴，岩穴里的一突起条石，也被视为男性生殖器官。祭拜男根象征物的大都是不育妇女，也有姑娘。他们到达石祖处，照例是焚香，点灯，燃火，供献祭品，叩头祷告，然后在石祖处的幽泉里舀一碗水饮下。石祖处若有水池，她们就入池洗浴，象征冲洗了妇女的污浊；若没有水池，妇女们则撩起裙子让下身和石祖接触数次。如在木里县大坝乡，有一个"鸡儿洞"，其中供奉一个石祖。当地摩梭人和普米族妇女不育或生育畸形婴儿时，必须到"鸡儿洞"烧香祭拜，并且提起裙子在石祖上坐一下。祭祀归来，妇女们当夜要与男子交媾，以求生育。据杨学政先生提示，此种风俗，以四川左所区达孜纳西族最为典型，今天仍秘密地保持着。①

---

① 赵国华：《生殖崇拜文化论》，中国社会科学出版社 1990 年版，160—161 页。

　　此外，在红山文化建筑遗址群中也发现了将立石作为男根崇拜的现象。在这个遗址群中，含有一方一圆的两个基址，在方形基址上放置着许多石块，并由密排立置的长条石组成。结合红山文化的特点考察，这些"立石"正是男性生殖崇拜的标志。因而汉代画像石的设计者将形态各异的叠人画像雕刻于石柱之上，也正是为了突出整个画像生殖崇拜的寓意。

　　我们从汉画像石中的叠人画像可以看到其与原始艺术之间存在着极大的相似之处，尤其是在题材内容与组合方式上，二者更有着明显的传承关系。当然，由于雕刻技术的发展，汉代叠人画像不仅在造型结构上更加复杂多变，在艺术表现力上也更趋完美。而更为重要的是，与原始艺术相比，汉画像石中的叠人画像已不仅仅表达生殖崇拜的主题，而是融入了新的文化内涵。我们看到，在安丘汉墓后室中间圆柱上，不仅刻画有带翼的异兽，还刻画有长出双翼的羽人。在孟庄墓室南门中柱上，与大鲵相对应的图像下部刻画了一个身形硕大的羽人。在大汶口汉墓中，虎、鹿、龙等异兽均长上了双翼。这些独特的构图方式使得汉代画像石中的叠人画像具有了更为丰富的内涵：一方面，造型多样的生殖崇拜图表达了人们对于"生"的强烈的祈愿与执着的追求；另一方面，仙兽图、羽人图的出现则又表现出汉代人升仙思想的形成与生殖崇拜观念之间所存在的密不可分的关系。

第五节　汉画像石图像艺术主题思想的形成原因

　　"生"与"死"本是两个截然对立的主题，然而汉代人却将之完美地融合在汉画像石图像艺术中：他们一方面以奇特的想象将亡灵世界营造成美好而令人向往的居所，在这个世界里，人们可以享受到人世的欢歌艳舞甚至天伦之乐，完全看不到来自"死"的悲伤与恐惧，亡灵世界似乎成了极乐世界的象征；而另一方面，汉代人却又倾注极大的热情去创造丰富多彩的生殖崇拜图像与升仙图像，以此来传达他们对"生"的强烈祈望与执着追求。那么，汉代人对于"生"与"死"究竟有着怎样的看法呢？

其实，刻录在汉画像石上的一些题记可以帮助我们揭开汉代人对于生死问题的真实看法。在出土于山东嘉祥县满硐乡宋山的汉画像石中刻画了精美的"莲纹、鱼、羽人"图案，表达了在世之人对"生"的强烈祈愿，但图案边的题记却抒写了生者对于亲人离世的悲痛：

永寿三年十二月戊寅朔，廿六日癸巳，惟许卒史安国，礼性方直，廉言敦笃，慈仁多恩，注所不可。禀寿卅四年遭祸。泰山有剧贼，宦土（士）被病，佝气来西上。正月上旬，被病在床，卜问医药，不为知闻，闇忽离世，下归黄潀，古（故）取（聚）所不勉（免），寿命不可（争）。乌呼哀载（哉）。①

这段题记反复诉说了生者对死者的痛惜之情，从"寿命不可（争）、乌呼哀载（哉）"这样的哀悼之词可以看到，下归黄泉对人们来说仍然是

_____

① 参见《中国画像石全集》第二册，"图版说明"，第38页图108。

痛心疾首却又无可奈何的事情。相似的文字记载还可见于河南南阳的许阿
瞿墓志：

> 惟汉建宁，号政三年，三月戊午，甲寅中旬，痛哉可哀，许阿瞿
> 身，年甫五岁，去离世荣。①

　　生者虽然不惜重金在画像石中刻绘了趣味横生的游戏与姿态曼妙的乐
舞百戏图，希望这些娱乐活动能够为亡灵世界的许阿瞿所享用。但从对亲
人离世的悲伤情绪来看，人们对于死亡仍然是怀抱着极大的悲伤与恐惧
的。毕竟对于那不可把捉的冥界，人们还是不愿涉足的。其实汉代人的这
种对"死亡"的强烈拒斥几乎沉淀为一个民族的共同心理，这一点我们可
以从汉代文人的咏叹中清楚地看到。"人生寄一世，奄忽若飙尘"②（《古
诗十九首·今日良宴会》）、"四时更变化，岁暮一何速！晨风怀苦心，蟋
蟀伤局促"③（《古诗十九首·东城高且长》）等诗歌均表达了诗人对时光
易逝、生命短促的哀伤与失意之情。司马相如在为宫廷乐府诗所作《郊祀
歌》中的《日出入》一章也抒发了世长寿短、时光倏忽的惆怅："日出入
安穷？时世不与人同。故春非我春，夏非我夏，秋非我秋，冬非我冬。泊
如四海之地，遍观是邪谓何？……"④诗歌反映了汉代人因生命的凋谢与
死亡而产生的强烈的悲剧意识。由此可见，在汉代人的思维里，他们对于

---

① 参见《中国画像石全集》六册，"图版说明"，第 70 页图 202。
② 张清钟：《古诗十九首汇说赏析与研究》，第 22 页。
③ 同上书，第 77 页。
④ 班固：《汉书》，第 1059 页。

"生"的执着与迷恋实际上正是来自对于"死"的拒斥与恐惧。

而从汉画像石长达三百余年的发展史可以看到，为了摆脱死亡的痛苦，获得永生的快乐，汉代人对于生死问题展开了积极的思考与不懈的求索，他们希望能对生死问题作出合理的解释，并能探寻到摆脱死亡痛苦的种种途径。在汉画像石中，我们看到汉代人主要采取了以下两种途径来摆脱死亡的痛苦：一种是通过建立信仰的方式，另一种是通过理性探索的方式。就前者而言，汉代人所做的尝试主要包括创造出了一个新的空间——仙界，以为已死之人与欲长生之人寻找适当的归属地，也包括构建离世之人的生活状态。除了通过建立信仰的方式，汉代人也寻求着积极的理性的途径来解除死亡的痛苦。在汉画像石中，我们看到汉代人采用了针灸、秘戏、炼丹等一系列治病养生方法。这也表明汉代人对疾病与死亡的原因做了部分理性的思考与探索，他们希望通过医学的方式来达到长生的目的。

相较于先秦时期人们对生死问题的模糊认识[1]，汉代人对生死问题的关注与所展开的思考是超越于之前的任何时代的，而这种热情与执着实际上正是来自汉代人强烈的生命意识，这种意识甚至渗透到他们的人生观与世界观之中，这一点可以从大量的传世文献中得到印证。如：

> 回车驾言迈，悠悠涉长道。四顾何茫茫，东风摇百草。所遇无故物，焉得不速老？盛衰各有时，立身苦不早。人生非金石，岂能长寿

---

[1]　先秦时期，人们对死后的去处以及死后生活状态的认识都是模糊的，他们也没有构想出仙界的空间以及长生不死的生命形态。

考？奄忽随物化，荣名以为宝。①（《古诗十九首·回车驾言迈》）

诗歌抒发了诗人对生命短暂、时光易逝的感慨，以及由此而萌生的建功立业的愿望。再如：

驱车上东门，遥望郭北墓。白杨何萧萧！松柏夹广路。下有陈死人，杳杳即长暮。潜寐黄泉下，千载永不寤。浩浩阴阳移，年命如朝露。人生忽如寄，寿无金石固。万岁更相送，圣贤莫能度。服食求神仙，多为药所误。不如饮美酒，被服纨与素。②（《古诗十九首·驱车上东门》）

诗歌表达了诗人对于死亡的无奈以及由此而产生的及时行乐的人生观。汉代人对"生"有着强烈的渴望，并成为一种执着。而这种对生命的执着也成为汉代人追求"长生不死、羽化登仙"的根本动力。顾颉刚先生曾指出：

仙人，是古代所没有的。古人以为人死为鬼，都到上帝那边去；活的时候的君臣父子，到了上帝那边之后还是君臣父子。天子祭享上帝，常常选择其有大功德的祖先去配享他。所以鬼在人间的权力仅亚于上帝一等，不过在许多鬼中还保留着人间的阶级而已。古代的社会

---

① 张清钟：《古诗十九首汇说赏析与研究》，第71页。

② 同上书，第84页。

阶级森严，说不上有什么自由，人们也不易想到争取自由，因此，他们没在意识中构成一种自由的鬼，浪漫地游戏于人世之外，像战国以来所说的仙人。

最早的仙人史料，现在也得不到什么。只是《封禅书》里知道燕国人宋毋忌、正伯侨、羡门子高等都是修仙道的；他们会不要这身体，把魂灵从身体中解脱出来，得到了一切的自由①。

由此可见，升仙思想在汉代的流行正是源自汉代人对个体生命的强烈欲望，而这种欲望在本质上则是汉代个体生命意识觉醒的集中体现。因而在这种意义上，我们认为汉代同样是一个生命意识觉醒的时代，当然这种觉醒还普遍停留于对生命长短的关注，并未完全上升到对个体生命价值的自觉追求。那么，汉代人何以会萌生这样的精神追求呢？实际上，出现这一文化现象与汉代的政治文化有着密不可分的关系。

首先，汉代对长生不死的狂热追求是由统治阶级发起的，尤其是在汉武帝的推波助澜下，汉代的统治阶级更是掀起了求仙的热潮，这一热潮也自上而下地影响到了整个汉代文化的发展走向。而统治阶级的求仙活动则与汉代的政治经济文化有着密切的关系。我们知道，早在秦代，秦始皇便几度遣使入海求仙。但到了西汉时期，秦始皇的求仙热情却并没有在汉初的几位皇帝那里得到延续与发展，这是因为西汉建立之初，国家内外皆面临着深刻的政治经济危机。深重的内忧外患使汉初的几位皇帝无暇顾及求

---

① 顾颉刚：《秦汉的方士与儒生》，上海古籍出版社 2006 年版，第 8 页。

仙问道之事。文景二帝为提高国力、巩固边疆而励精图治。到了武帝之时，西汉的国力已十分雄厚，边疆战事也频繁告捷，加之武帝采纳了董仲舒的"罢黜百家、独尊儒术"的思想，一个疆域庞大、经济富庶、思想统一的帝国已经形成。《汉书·食货志》曾对武帝时期西汉国力的强盛与繁荣作了这样的描绘：

> 至武帝之初七十年间，国家亡事，非遇水旱，则民人给家足，都鄙廪庾尽满，而府库余财。京师之钱累百钜万，贯朽而不可校。太仓之粟陈陈相因，充溢露积于外，腐败不可食。众庶街巷有马，仟陌之间成群，乘牸牝者摈而不得会聚。守闾阎者食粱肉；为吏者长子孙；居官者以为姓号。人人自爱而重犯法，先行谊而黜媿辱焉。①

由于政治经济文化的相对稳定，汉代的统治阶级开始转而追求个人欲望的满足，寻求长生不死之道。汉武帝贪图享乐、奢侈纵欲。相较于始皇，汉武帝对长生的追求有过之而无不及。为达到长生不死的目的，汉武帝四处巡游封禅，不惜耗费大量的人力物力在宫廷之中修建蓬莱、方丈、瀛洲、壶梁，以营造神仙的气氛。在武帝的带动下，汉代的帝王将相争相效仿。各地精通仙术的方士，为获得统治阶级的重用，也开始死灰复燃，民间百姓更是趋之若鹜。于是声势浩大的求仙活动就这样自上而下地在整个社会中蔓延开来，对汉代文化的发展走向产生了深远的影响。《后汉

---

① 班固：《汉书》，第1135—1136页。

书·方术列传》云：

> 汉自武帝颇好方术，天下怀协道艺之士，莫不负策抵掌，顺风而届焉。后王莽矫用符命，及光武尤信谶言，士之赴趣时宜者，皆驰骋穿凿，争谈之也。……尚奇文，贵异数，不乏于时矣①。

其次，除了统治阶级上层的推动作用，汉代出现的社会危机也促进了人们对生死观念的发展演变。西汉即使是在最为强盛的武帝时期，也隐藏着深刻的社会危机。如宣帝时的长信少府夏侯胜曾评价汉武帝说：

> 武帝虽有攘四夷广土斥境之功，然多杀士众，竭民财力，奢泰亡度，天下虚耗，百姓流离，物故者半。蝗虫大起，赤地数千里，或人民相食，蓄积至今未复。亡德泽于民，不宜为立庙乐。②

到了西汉中晚期，社会矛盾更加激化。由于土地的集中，百姓过着朝不保夕的生活，甚至出现了"贫困之民，或有卖其首级以要酬赏，父兄相代残身，妻孥相［视］分裂"③等惨绝人寰的悲惨景象。加之灾害频发、瘟疫流行，下层百姓更是尸横遍野、"死者相枕于路"。为了寻求解脱之道，下层百姓开始掀起如火如荼的信仰活动。到了汉哀帝建平元年，这种

---

① 范晔：《后汉书》，第 2705 页。
② 班固：《汉书》，第 3156 页。
③ 范晔：《后汉书》，第 1856 页。

信仰之风演变成了风靡全国的西王母信仰活动。据《汉书·哀帝纪》记载：

　　四年春，大旱。关东民传行西王母筹，经历郡国，西入关至京师。民又聚祠西王母，或夜持火上屋，击鼓号呼相惊恐。①

《汉书·五行志》也有相同的记载：

　　哀帝建平四年正月，民惊走，持蒿或樱一枚，传相付与，曰行诏筹。道中相过逢多至千数，或被发徒践，或夜折关，或踰墙入，或乘车骑奔驰，以置驿传行，经历郡国二十六，至京师。其夏，京师郡国民聚会里巷仟佰，设张博具，歌舞祠西王母。又传书曰："母告百姓，佩此书者不死。不信我言，视门枢下，当有白发。"至秋止②。

　　据《山海经》记载，西王母本是居住在昆仑山上的掌管着不死之药的神灵。到了西汉早中期，西王母的身份发生了变化，她开始由神人逐渐转化为仙人，并逐渐成为人们崇拜的偶像。哀帝建平四年发生的这场声势浩大的西王母祭祀活动表明，神仙信仰已在百姓中普遍流行。

　　再次，除了统治阶级以及社会现实对汉代生死观所产生的影响，汉代的部分上层知识分子也是推动汉代生死观念发展演进的重要动力。《淮南

---

①　班固：《汉书》，第 342 页。
②　同上书，第 1476 页。

子》是汉初的重要著作，这本书由淮南子及其门人撰写，代表了汉初部分上层知识分子的文化选择。《淮南子》在宇宙本体论上主要是继承老庄的思想，《原道训》说：

> 夫道者，覆天载地，廓四方，析八极。高不可际，深不可测。包裹天地，秉授无形。原流泉浡，冲而徐盈，混混滑滑，浊而徐清。……①

《淮南子》指出宇宙的本源仍然是玄妙难测的"道"，这与老庄的天道宇宙观有着一脉相承之处。但与前者所不同的是，《淮南子》在阐述它的"道"的思想之时却表现出更多的信仰色彩。如《原道训》说：

> 昔者冯夷大丙之御也。乘云车，入云蜺，游微雾。惊恍惚，历远弥高以极往。经霜雪而无迹，照日光而无景。扶摇抮抱羊角而上。经纪山川，蹈腾昆仑，排阊阖，沦天门。末世之御，虽有轻车良马，劲策利锻，不能与之争先。是故大丈夫恬然无思，澹然无虑，以天为盖，以地为舆，四时为马，阴阳为御，乘云陵霄，与造化者俱。纵志舒节，以驰大区。可以步而步，可以骤而骤，令雨师洒道，使风伯扫尘，电以为鞭策，雷以为车轮。……②

---

① 《淮南子·原道训》，《诸子集成》第七册，第1页。
② 同上书，第2—3页。

《淮南子》在此描绘了在世之人冯夷得道升天的种种体验。冯夷遨游于天地之间的逍遥自在的状态正是后世所谓的升仙境界。《淮南子》将老庄的"道"与升仙的体验相结合，实际上已为后期的神仙信仰寻找到了理论的依据。除此之外，在继承老庄的"道"的思想基础上，《淮南子》还将"道"作为它的养生思想的理论依据。如《原道训》说：

> 是故达于道者，反于清净。究于物者，终于无为。以恬养性，以漠处神，则入于天门。①

得道者可以恬淡无为怡养性情。《淮南子》指出得道之人必定能够"全性保真"，而只有无为才能达到养生的目的，它说：

> 是以天下时有盲妄自失之患，此膏烛之类也，火逾然而消逾亟。夫精神气志者，静而日充者以壮，躁而日耗者以老。是故圣人将养其神，和弱其气，平夷其形，而与道沉浮俯仰。恬然则纵之，迫则用之，其纵之也若委衣，其用之也若发机。如是，则万物之化而不遇，而百事之变无不应。②

《淮南子》在"道"的本体论上推演出了它的养生思想。

《列仙传》为汉晋之时的作品，旧传为西汉刘向所作。但《汉书·艺

---

① 《淮南子·原道训》，《诸子集成》第七册，第6页。
② 同上书，第18页。

文志》只录刘向《说苑》《新序》《列女传》等，独无此书。不过因《列仙传》中的许多故事人物皆为魏晋典籍所征引①，故我们认为该书应为汉魏间文士所作。《列仙传》不仅记录了大量的流行于汉魏之际的神仙传说，而且总结了一系列修炼成仙的方法，包括服食养生法、服气养气法、行善积德法等。

《淮南子》与《列仙传》的流传不仅促进了生死观念的发展，也为后世道教理论的形成与发展奠定了基础。

此外，汉代一批怀才不遇的"士"也成为推动汉代生死观发展演变的重要力量。这批"士"因仕途不得志而开始从政治旋涡中退出，并转向对个体生命的关注。面对生命的短暂易逝，他们萌生了强烈的悲剧意识。但在对生命的态度与方式上，他们则采取了具有鲜明个性特征的行为方式。如《古诗十九首·青青陵上柏》：

> 青青陵上柏，磊磊涧中石。人生天地间，忽如远行客。斗酒相娱乐，聊厚不为薄。驱车策驽马，游戏宛与洛。洛中何郁郁，冠带自相索。长衢罗夹巷，王侯多第宅。两宫遥相望，双阙百馀尺。极宴娱心意，戚戚何所迫②？

诗歌抒发了诗人对人生苦短、生命易逝的感慨。目睹京华之地的歌舞

---

① 如王叔岷在《列仙传校笺》中说："左思《魏都赋》：昌容炼色，轪配眉连，玄俗无影，木羽偶仙。琴高沈水而不濡，时乘赤鲤而周旋。师门使火以验术，故将去而林燔。所称六人，皆出于《列仙传》。"参见王叔岷《列仙传校笺》（序），中华书局2007年版。

② 张清钟：《古诗十九首汇说赏析与研究》，台湾商务印书馆1988年版，第15页。

升平、醉生梦死的浮华生活，诗人开始萌生出抛弃世俗束缚、及时行乐的愿望。从全诗的情感基调来看，此诗当为一仕途失意之士所作。再如《去者日以疏》：

> 去者日以疏，来者日已亲。出郭门直视，但见丘与坟。古墓犁为田，松柏摧为薪。白杨多悲风，萧萧愁杀人。思还故里闾，欲归道无因①。

该诗为一羁旅之人所作。诗人在此描绘了坟墟成犁田、松柏变薪柴的人世沧桑，并抒发了生命已逝、家归何处的感慨。除了采取及时行乐或是抑郁哀伤的生活态度外，汉代还出现了一批在道家思想中寻求慰藉的"士"。他们或追求摆脱世俗、逍遥自在的神仙生活，或追求长生不死、羽化登仙的生命状态。如扬雄的《太玄赋》：

> 观大易之损益兮，览老氏之倚伏。……丰盈祸所棲兮，名誉怨所集。熏以芳而致烧兮，膏含肥而见熿。……纳僑禄于江淮兮，揖松乔于华岳。升昆仑以散发兮，踞弱水而濯足。朝发轫于流沙兮，夕翱翔乎碣石。忽万里而一顿兮，过列仙以托宿。役青要以承戈兮，舞冯夷以作乐……②

---

① 张清钟：《古诗十九首汇说赏析与研究》，台湾商务印书馆1988年版，第90页。
② 费振刚等校注：《全汉赋校注》，广东教育出版社2005年版，第285页。

扬雄在文章中表达了他对淡泊名利、自由无束生活的追求，但同时也表达了他不见容于世俗的愤懑之情以及由此而产生的厌世之感。班彪的《览海赋》：

> ……朱紫彩烂，明珠夜光。松乔坐于东序，王母处于西箱。命韩众与岐伯，讲神篇而校灵章。……乘虚风而体景，超太清以增逝。麾天阁以启路，辟阊阖而望余。通王谒于紫宫，拜太一而受符。①

文章表达了作者对海上蓬莱仙境的想往与追寻。东汉的仲长统也是由于身世之感而寻求升仙解脱的代表人物。《后汉书·仲长统传》载曰：

> "每论说古今及时俗行事，恒发愤叹息"，"常以为凡游帝王者，欲以立身扬名耳，而名不常存，人生易灭，优游偃仰，可以自娱，欲卜居清旷，以乐其志"。

在《乐志论》一文中，仲长统说道：

> 蹰躇畦苑，游戏平林，濯清水，追凉风，钓游鲤，弋高鸿，讽于舞雩之下，咏归高堂之上。

---

① 费振刚等校注：《全汉赋校注》，广东教育出版社 2005 年版，第 355—356 页。

为寻求长生不死的方法，汉代的部分"士"也开始积极地投入到养生之术的研习之中。如仲长统在《乐志论》中说：

> 安神闺房，思老氏之玄虚；呼吸精和，求至人之仿佛。……不受当时之责，永保性命之期。①

荀悦也在《申鉴·俗嫌》中提出了他的养生理论：

> 养性秉中和，守之以生而已。爱亲、爱德、爱力、爱神之谓音。否则不宣，过则不澹，故君子节宣其气，勿使有所壅闭滞底，昏乱百度则生疾。故喜怒、哀乐、思虑，必得其中，所以养神也。寒暄、虚盈、消息必得其中，所以养体也。②

因而，汉代的上层知识分子对于道家思想的继承与发挥也成为推动汉代生死观念发展演变的重要动力。他们对生命的深入思考以及对养生之术的不懈求索为后期的道教神仙信仰奠定了理论基础。

最后，汉代盛行的厚葬之风也对汉代人生死观念的发展起到了一定的推动作用。西汉武帝时期，厚葬之风开始盛行，据《史记·孝文本纪》记载："当今之时，世咸嘉生而恶死，厚葬以破业，重服以伤生……"③ 愈演

---

① 范晔：《后汉书》，第 1644—1646 页。
② （汉）荀悦撰、（明）黄省曾注、孙启治校补：《申鉴注校补》，中华书局 2012 年版，第 126 页。
③ （汉）司马迁：《史记》，第 433 页。

愈烈的厚葬之风对汉代的国力带来巨大的影响，王符也曾指出厚葬所存在的深刻弊端：

> 京师贵戚，必欲江南檽梓豫章梗枏；边远下土，亦竞相放效。夫檽梓豫章，所出殊远，又乃生于深山穷谷，经历山岑，立千步之高，百丈之溪，倾倚险阻，崎岖不便，求之连日然后见之，伐斫连月然后讫，会众然后能动担，牛列然后能致水，油溃入海，连淮逆河，行数千里，然后到雒。工匠雕治，积累日月，計一棺之成，功将千万。夫既其终用，重且万斤，非大众不能举，非大车不能挽。东至乐浪，西达敦煌，万里之中，相竞用之。此之费功伤农，可为痛心！……今京师贵戚，郡县豪家，生不极养，死乃崇丧。或至刻金镂玉，檽梓梗枏，良田造茔，黄壤致藏，多埋珍宝偶人车马，造起大冢，广种松柏，庐舍祠堂，崇侈上僭。宠臣贵戚，州郡世家，每有丧葬，都官属县，各当遣吏赍奉，车马帷帐，贷假待客之具，竞为华观。此无益于奉终，无增于孝行，但作烦搅扰，伤害吏民。①

尽管对西汉的国力造成了毁伤，但厚葬之风仍愈演愈烈。东汉初年，光武帝开始下诏薄葬：

> 古者帝王之葬，皆陶人瓦器，木车茅马，使后世之人不知其处。

---

① （汉）王符：《潜夫论笺校正》，（清）汪继培笺，彭铎校正，中华书局1985年版，第134—137页。

太宗识终始之义，景帝能述遵孝道，遭天下反覆，而霸陵独完受其
福，岂不美哉！今所制地不过二三顷，无为山陵，陂池裁令流水
而已。①

　　但此次及以后几次君王的薄葬诏令却并没有取得实质性效果，东汉的
厚葬之风仍然如火如荼②。汉代的厚葬之风推动了墓葬制度的发展③。大约
从西汉晚期到东汉早期，传统的小型石椁墓逐渐为大型的房屋式墓室所取
代。到了东汉中晚期，甚至出现了对生者豪宅庭院进行模仿的墓室结构。
汉代墓葬制度的发展演变又进一步推动了汉代生死观的变迁，这是因为，
墓室空间的进一步扩大为汉代人表达他们的生死观念以及进一步探索生死
问题提供了必要的物质载体。依托于祠堂与墓室的空间，画像设计者探索
到了如何通过图像艺术的形式来表现宇宙的空间分布、死者在宇宙中的所
处以及亡灵的生活状态等与生死密切相关的问题。这些智慧的结晶成为推
动汉代生死观发展演变以及早期道教形成的重要动力。

---

① 范晔：《后汉书》，第77—78页。
② 蒲慕州更进一步指出："厚葬久丧的行为不能完全由风气奢华、经济富裕，甚至孝道思想
所完全解释。人之所以愿意厚葬死者，总是基于某种对灵魂或死后世界之相信。汉代并非厚葬风
俗之起源时代，亦非对灵魂及死后世界信仰之开始，但是汉代人对死后世界的想象却明显的比前
代更为清楚。"参见蒲慕州《墓葬与生死——中国古代宗教之省思》，台湾联经出版事业公司1993
年版，第248页。
③ 蒲慕州：《墓葬与生死——中国古代宗教之省思》，台湾联经出版事业公司1993年版，第
248页。

第三章

汉画像石中的宇宙
空间图式及形成原因

汉画像石对生死观念的展现是建立在汉代宇宙观的基础之上的，这与汉代文化的特质有着密切的关系。美国艺术史家潘诺夫斯基曾指出：（在对艺术品作图像学分析时）

> 要把握内在意义与内容，就得对某些根本原理加以确定，这些原理揭示了一个民族、一个时代、一个阶级、一种宗教和一种哲学学说的基本态度，这些原理会不知不觉地体现于一个人的个性之中，并凝结于一件艺术品里；不言而喻，这些原理既显现在"构图方法"与"图像志意义"之中，同时也能使这两者得到阐明①。

虽然潘诺夫斯基的这一说法并不一定完全适用于每一件艺术品（这

---

① ［美］欧文·潘诺夫斯基：《图像学研究：文艺复兴时期艺术的人文主题》，戚印平、范景中译，上海三联书店 2011 年版，第 5 页。

一说法也遭到了英国艺术史家贡布里希等人的质疑与批判①），但对于汉画像石这种特殊的图像艺术而言（宇宙空间图式普遍存在于各地汉画像石中），汉代文化的确是对其宇宙空间图式的构建产生了深刻的具有决定性意义的影响。

第一节 汉代宇宙观念与汉代文化

汉代人对宇宙运行的模式表现出前所未有的兴趣。②早在西汉初年，汉代人在探索宇宙模式方面便已表现出不懈求索的精神，其中以《淮南子》为最具代表性的著作。鲁惟一先生曾说：

> 《淮南子》的作者们试图部分地根据神话、部分地按照科学假说来解释宇宙的奇观及其运作。他们的观点是更重视遵循自然的秩序，而不是服从于组织人类的需要。③

---

① 贡布里希曾批判道："潘诺夫斯基代表了我经常批判过的艺术史中的德语传统。我曾经表明，这一传统可以追溯到黑格尔的历史哲学，这一传统喜欢运用时代精神和民族精神等概念，这一传统宣称，一个时代的所有具体显示即它的哲学、艺术、社会结构等都是一种本质、一种同一精神的表现。结果每一个时代都给看成是包含了一切的整体。持有这种信念的艺术史家用了极渊博的知识和机智来论证这类相互联系的存在。潘诺夫斯基也喜欢以其超众的才智和知识建立这种联系。"转引自《图像学研究：文艺复兴时期艺术的人文主题》（中译本序），第10页。

② ［美］约翰·梅杰（John Major）曾说："汉代的宇宙论在中国形成关于它在世界上的地位的认识中具有重要的意义。"参见梅杰《汉代前期思想中的天与地》，纽约州立大学出版社1993年版，第5—11页。转引自［美］郝大维（David L.，Hall）等著《汉哲学思维的文化探源》，中文版自序第2页注 ，江苏人民出版社1999年版。

③ ［英］鲁惟一：《汉代的信仰、神话和理性》，王浩译，北京大学出版社2009年版，第21页。

在《淮南子·天文训》中，作者对宇宙的起源与构成进行了详细的探讨。他说：

> 天坠未形，冯冯翼翼，洞洞灟灟，故曰太昭。道始于虚廓，虚廓生宇宙，宇宙生气，气有涯垠。清阳者薄靡而为天，重浊者凝滞而为地。清妙之合专易，重浊之凝竭难。故天先成而地后定。天地之袭精为阴阳，阴阳之专精为四时，四时之散精为万物。积阳之热气生火，火气之精者为日。积阴之寒气为水，水气之精者为月。日月之淫为精者为星辰。天受日月星辰，地受水潦尘埃。……①

《淮南子》指出，宇宙在生成之前表现为虚廓的状态，而作为宇宙本源的"道"则蕴含在这虚廓的状态之中。虚廓继而生出宇宙，宇宙又生出气。气又因清浊的不同，继而生成天与地。天地与气相激荡又生出了阴与阳，阴阳继而又生出四时，四时又生出万物。《淮南子·天文训》对宇宙运行的规律也同样做了深入的探索。它说：

> 天道曰圆，地道曰方。方者主幽，圆者主明。明者，吐气者也，是故火曰外景。幽者，含气者也，是故水曰内景。吐气者施，含气者化。是故阴施阳化，天之偏气，怒者为风。地之含气，和者为雨。阴阳相薄，感而为雷，激而为霆，乱而为雾。……虎啸而谷风至，龙举

---

① 《淮南子·天文训》，《诸子集成》第七册，第35页。

而景云属。麒麟斗而日月食，鲸鱼死而彗星出。蚕珥丝而商弦绝，贲星坠而渤海决。人主之情，上通于天。故诛暴则多飘风，枉法令则多虫螟……①。

在《淮南子》看来，宇宙犹如一个严密的系统，而宇宙中的各种现象事物则是一种相互作用、彼此依存的关系。不难看到，汉代人对宇宙思考的深入程度是远远超越于前代的。如果说先秦时期的思想家仅仅是为我们勾勒了一个宇宙的轮廓的话，那么以淮南子为代表的汉初思想家则已将先前那个模糊的宇宙轮廓完善为一个结构复杂而具系统性的体系。

汉代的思想家、政治家在解释与构建人世秩序之时，也体现出鲜明的宇宙时空观。如西汉鸿儒扬雄在《太玄·玄摛》中说：

仰以观乎象，俯以视乎情，察性知命，原始见终。三仪同科，厚薄相劘。圆则杌棿，方则啬吝。噓则流体，唫则疑形。是故阖天谓之宇，辟宇谓之宙。日月往来、一寒一暑。律则成物，历则编时。律历交道，圣人以谋。昼以好之，夜以丑之。一昼一夜，阴阳分索。夜道极阴，昼道极阳。牝牡群贞，以攎吉凶，而君臣父子夫妇之道辨也。②

_____

① 《淮南子·天文训》，《诸子集成》第七册，第35—36页。
② 扬雄撰，司马光集注：《太玄集注》，《新编诸子集成》本，中华书局1998年版，第185页。

扬雄认为，人事与天道相通，通过体察天道，便可寻绎到人事的规律。因而圣人往往以天道为依据来建立人世的秩序。扬雄的这一观点同样体现了"天人合一"的思想。汉代大儒董仲舒在构建人世秩序时也融入了汉代的宇宙观。他说：

> 天有五行：一曰木，二曰火，三曰土，四曰金，五曰水。木，五行之始也；水，五行之终也；土，五行之中也。此其天次之序也。木生火，火生土，土生金，金生水，水生木，此其父子也。木居左，金居右，火居前，水居后，土居中央，此其父子之序，相受而布。是故木受水，而火受木，土受火，金受土，水受金也。诸授之者，皆其父也；受之者，皆其子也。常因其父，以使其子，天之道也。是故木已生而火养之，金已死而水藏之，火乐木而养以阳，水克金而丧以阴，土之事火竭其忠。故五行者，乃孝子忠臣之行也……①

董仲舒认为宇宙秩序是按照阴阳五行的相生相克来运行的。他将人世视为宇宙秩序的有机组成部分，从而建立了自己的"天人合一"思想。袁济喜先生在分析董仲舒的"天人感应"思想时指出：

> 董仲舒的天人感应说不同于殷周神学，他将神学置于严密的宇宙发展图式中，这个宇宙系统通过天人的相互作用而体现出来，人格神

---

① 苏舆：《春秋繁露义证》，中华书局2007年版，第321页。

"天"则是其中的反馈因子（即通过灾异、祥瑞来迫使帝王调整统治或改朝换代）。①

汉代天文学的发展更是离不开汉代人对宇宙奥秘的探索。张衡是东汉时期最杰出的天文学家，他多年致力于宇宙天象的观察，"研阴阳，妙尽璇玑之正"，制作了浑天仪。张衡在其天文学著作《灵宪》中对宇宙的生成做了这样的描述：

> 太素之前，幽清寂寞，不可为象，惟虚惟无，盖道之根也。道根既建，由无生有，太素始萌，萌而示兆，斯谓庞洪，盖道之干也。道干既育，万物成体，于是刚柔始分，清浊异位，天成于外而体阳，故圆以动，斯谓天元，道之实也。②

张衡将宇宙的演化分为三个不同的阶段。第一阶段为"太素之前"，乃道之根也；第二个阶段为"太素之萌"，又称"庞洪"，乃道之干也；第三个阶段为"天元"，乃道之实也，万物由此而化生。

《周髀算经》约成书于公元前 1 世纪，是我国流传至今的一部最早的数学著作，但它同时也是一部天文学著作，汉代的盖天说和四分历法皆可见于此书。赵君卿在《周髀算经序》中说：

---

① 袁济喜：《两汉精神世界》，中国人民大学出版社 1994 年版，第 130 页。
② 欧阳询撰：《艺文类聚·天部》卷一，上海古籍出版社 1982 年版，第 2 页。

夫高而大者莫大于天，厚而广者莫广于地。体恢洪而廓落，形修广而幽清。可以玄象课其进退，然而宏远不可指掌也；可以晷仪验其长短，然其巨阔不可度量也。虽穷神知化，不能极其妙，探赜索隐，不能尽其微。是以诡异之说出，则两端之理生，遂有浑天、盖天兼而并之。故能弥纶天地之道，有以见天地之赜，则浑天有《灵宪》之文，盖天有《周髀》之法。累代存之，官司是掌，所以钦若昊天，恭授民时①。

可见，《灵宪》与《周髀》皆是当时指导人们日常行为生活的重要著作。

汉代医学的发展也与汉代人的宇宙观念有着密切的联系。《黄帝内经》曰：

黄帝曰：阴阳者，天地之道也，万物之纲纪，变化之父母，生杀之本始，神明之府也，治病必求于本。故积阳为天，积阴为地。阴静阳躁，阳生阴长，阳杀阴藏。阳化气，阴成形。寒极生热，热极生寒。寒气生浊，热气生清，清气在下，则生飧泄，浊气在上，则生䐜胀。此阴阳反作，病之逆从也。故清阳为天，浊阴为地。地气上为云，天气下为雨，雨出地气，云出天气。②

---

① 《周髀算经译注》（周髀算经序），程贞一、闻人军译注，上海古籍出版社 2012 年版。
② 《黄帝内经》，中华书局 2011 年版，第 105—109 页。

医书认为，人体的生理病理与宇宙运行规律有着必然的关系。可见，汉代的中医学理论仍是以"天人合一"的思想为根本出发点的。

汉代文字学的发展也与宇宙时空观有着密切的关系。许慎在《说文解字》中将9000个汉字做了系统的归类，而这种归类方法就包含着汉代的宇宙时空观。金克木评论说：

> 《说文解字》的符号世界是汉朝人在公元前后一段时期的宇宙观（世界秩序），这是一个封闭系统。始"一"终"亥"，是"立一为端。……以究万原。毕终于亥，知化穷冥"。从"一"（元、天）、"上"（下）、"示"（神）、"三"（"天、地、人"王）开始，到"二"、"土"等而归结到数（从"四"到"九"）、"兽"、干（甲……癸）、支（子……亥）。十干分指东、南、中、西、北，又指四季；十二支分指十二个月。最后说是"亥而生子，复从一起"。这个分部排列次序传达了汉朝人认识世界和人类社会自身的完整的宇宙观体系，将整个宇宙排列成一个封闭的有秩序的自我循环的结构。①

金克木先生进而指出：

> 古时人总是认为文字符号全体即代表宇宙事物全体（以语言文字

---

① 金克木：《艺术科学丛谈》，三联书店1986年版。第88页。

表现对宇宙的认识），符号秩序和宇宙秩序有密切的关系（符号是万物的象征）。

虽然，汉之前的古人同样意识到了文字符号与宇宙事物之间存在密切的关系，但许慎所采用的文字归类法却是以宇宙空间观作为根本依据的，这显然是由汉代文化的特质所决定的。

汉代也是方术极为流行的时代。李零先生将汉代种类繁多的方术划分为三大系统：

　　一个系统是与天文历算有关的星占、式占等术，一个系统是与"动物之灵"或"植物之灵"崇拜有关的龟卜、筮占，一个系统是与人体生理、心理、疾病、鬼怪等有关的占梦、厌劾、祠禳等术[1]。

大量的考古资料证明，星占与式占是汉代最为流行的占卜方式。星占是依据星象来预测人事之吉凶灾异，它要求占卜家对日月星辰等天体运行的规律有准确的把握，因而星占与汉代宇宙观有着密切的关联。式占"是以式，即一种模仿宇宙结构的工具进行占卜"[2]。李零先生在总结"式法"的特点时指出：

　　它的特点是用空间表现时间，合时间、空间于一，数字是整合

①　李零：《中国方术正考》，中华书局 2010 年版，第 67 页。

②　李零：《中国方术正考》，第 30 页。

的关键，作用最大。它不仅在此类占卜中是时空对应、时空转换的中介和关键，也是这类占卜和其他占卜相互沟通、相互连结的桥梁。……它们都是时空整合数字化的一种表现，其实是起数字符号的作用①。

可见，汉代所流行的星占与式占等方术也皆是建立在汉代人的宇宙观上。

汉代的娱乐活动也表现出汉代流行的宇宙观念。六博游戏是汉代十分风靡的娱乐活动。考古工作者曾在出土的汉代墓葬随葬品中发现了大量的六博器具，如1973年长沙马王堆3号西汉墓出土一套六博，在同墓出土的"遣策"中，有八枚简还记载了六博及其用具。②再如，考古工作者于1974年在北京大葆台1号西汉墓中发掘出象牙博棋子一枚，等等。③李零先生认为："六博的风靡，六博艺术主题的风靡，从根本上讲是所代表的宇宙观念的风靡。"④

由此可见，在汉代人的思维世界里，宇宙的万事万物乃是一个严密的系统，它们有着彼此依存、相互作用的关系。人世的一切也不是一种孤立的存在，它们只是宇宙的一个组成部分，其运行规律必然受到宇宙运行规律的制约与影响。基于这一认识，汉代人希望通过对宇宙运行规律的把握，以获得一种解释世间各种错综复杂的现象的钥匙，从而消除人类的无

---

① 李零：《中国方术续考》，中华书局2010年版，第66—67页。
② 熊传新：《谈马王堆三号西汉墓出土的陆博》，《文物》1979年第4期。
③ 北京市古墓发掘办公室：《大葆台西汉木椁墓发掘简报》，《文物》1977年第6期。
④ 李零：《中国方术正考》，第139页。

知与盲目以及由于无知而产生的恐惧及由于盲目而带来的灾难。鲁惟一先生在研究汉代文化时，敏锐地察觉汉代人的这一思维走向，他说：

(汉代人) 关心上界力量的本质，以及它们能否被识别、接触和膜拜。中国人渴望确定人死之后的命运，以及保障其来生福祉的最佳途径。有些人试图了解人类置身于其中的这个世界的范围及其运行模式；或者，他们追问人在宇宙中的地位及其与其他生物的关系。……①

汉代人对宇宙秩序的思考，是来自时代文化的需要。春秋战国是政治经济文化发生重大变革的时期，秦汉建立了统一的封建王朝，新的帝国需要重新建立政治与文化秩序。秦代享国日浅，于是建立新秩序的使命便留给了汉代。马小虎先生曾指出：

相对于"轴心时代"全面的社会激变和社会失衡，从经济结构、政治制度和意识形态诸方面进行大一统的社会整合和社会重构，是秦汉尤其是两汉社会内容的基调。从中国古代历史发展来看，这种社会整合和重构也是史无前例的，尤其表现在国家 (政权) 对社会 (个体) 的组织方式和整合手段的选择和运作上。②

① [英] 鲁惟一：《汉代的信仰、神话和理性》，王浩译，第7页。
② 马小虎：《魏晋以前个体"自我"的演变》，中国人民大学出版社2004年版，第291页。

　　而在寻求新的文化政治秩序之时，汉代人表现出明显的复古主义倾向。儒生们试图回归历史，他们向往三代的礼制，希望建立一个有序的社会秩序。但他们却找不到真正的方向，因为历史留下的记忆已经十分模糊，甚至连许多祭祀活动也没有确定的仪程与可资参阅的文献。① 这一点可以从汉武帝的封禅之事得到证明。② 新的帝国所面临的思想文化上的困境促使汉代人需要重新去认识整个宇宙与人类社会乃至彼此之间的关系，以确立社会的运行秩序，并规范人们的行为活动。汉代人首先对先秦时期的敬天、畏天的神秘主义信仰进行了继承，他们同样是以"天人合一"的思想作为基础的。但这一思想已与先秦时期有很大不同，汉代人并不是将"天"仅仅作为一个膜拜的对象，而是希望用"天"来指导人们的行为，使人们的行为符合天道，从而避免或是减轻人类由于盲目无知而带来的灾难。由于汉代人的"天人合一"思想是着眼于秩序的构建，因而汉代人在保持了对"天"的神秘主义信仰的同时，也开始致力于对宇宙运行模式的探索与思考。

---

　　① 还在秦朝之时，封禅之礼便已成为一桩于史无征的事情。因而秦始皇那场声势浩大的封禅之行也最终以一场闹剧结束。参见顾颉刚《秦汉的方士与儒生》，上海古籍出版社 2006 年版，第 6 页。

　　② 元丰元年，汉武帝终于决定实现他的封禅计划，"可是他身边的一班儒者依然像一百年前地不解事：他把祭器给他们看，他们说和古代不一样；问他们古礼究竟怎样，他们也说不出一个所以然来，并且各个人说得都不同。武帝到这时候，禁不住发出秦始皇一般的脾气了，就把他们全都黜免，用了祭泰一（上帝）的礼去封泰山，又禅于泰山下的肃然山"。参见顾颉刚《秦汉的方士与儒生》，上海古籍出版社 2006 年版，第 13 页。

第二节　汉代帛画的宇宙空间图式

汉代人这种致力于探索宇宙模式的思维特质对图像艺术产生了深刻的影响，我们从马王堆"T"形帛画中可以清楚地看到汉代人对宇宙空间的构建。

20世纪70年代，西汉马王堆1号墓与3号墓[①]分别出土了两幅"T"形帛画。据研究结果显示，前者大约形成于西汉文景二帝之时，后者则大约形成于西汉武帝时期。两幅帛画在形制上十分相似，皆上宽下窄，如大写字母"T"的形状。关于帛画的功能与性质一直是学界聚讼的焦点。孙作云先生认为帛画是"引魂升天"的魂幡[②]，俞伟超、李建毛先生等则认为帛画是"招魂复魄"的铭旌[③]，诸说并出，迄无定论。但就帛画的构图形式与具体内容来看，对宇宙空间的展现则是其最为显著的特征。

马王堆1号墓"T"型帛画（图3-1、图3-2），全长约200厘米，整个画面在空间布局上分为四个部分：天界、人间、阴间、水府[④]。天界居于帛画上部的整个横幅部分，帛画下部的纵幅部分自上而下依次分为人

---

① 参见《长沙马王堆一号汉墓发掘简报》，文物出版社1972年版；《长沙马王堆二、三号汉墓发掘简报》，《文物》1974年第7期。

② 孙作云：《长沙马王堆一号汉墓出土画幡考释》，《考古》1973年第1期。

③ 参见俞伟超《马王堆一号汉墓帛画内容考》，见俞伟超《先秦两汉考古学论集》，文物出版社1985年版，第154—156页；李建毛《也谈马王堆汉墓T形帛画的主题思想》，《美术史论》1992年第3期。

④ 陈煌先生也将帛画的结构分为四个层面："即顶部的天府、底部的水府、水府之上的阴间和阴间之上的人间。"参见陈煌《古代帛画》，文物出版社2005年版，第146—147页。

图 3-1　长沙马王堆一号墓 T 形帛画

间、阴间与水府。在天界部分，画面的右上方刻一轮圆日，日中刻一只金
鸟；圆日下刻一株扶桑树，上面挂着八个小圆日。左上方绘有一个弯月，
月上有蟾蜍、兔，下面是"嫦娥奔月"的场景。天界顶部的中间位置绘有
一人首蛇身的图像，似为伏羲。[①] 天界的中部刻两骑牵拉钟铎的兽神怪、
飞舞的双雁以及曲颈向上的双龙。双龙之下刻一门阙，当为天门，门前有

---

①　钟敬文等考定该人物画像为伏羲。参见钟敬文《马王堆汉墓帛画的神话史意义》，《中华
文史论丛》1979 年第 2 期。

二身着青衣的守卫。天门是天界与人间的分界处。值得注意的是，帛画中天门的位置并不完全处于横幅之上，它的门阶已延伸到纵幅之上，这就表明天门乃是一个过渡地带，是连接人间与天界的通道。天门之下刻一华盖

图 3 - 2　长沙马王堆一号墓 T 形帛画摹本

图 3 - 1、图 3 - 2 采自《长沙马王堆一号汉墓发掘简报》，文物出版社 1972 年版。

与正面飞翔的大鸟，下面是一位老年妇女（墓主人）拄杖站立于一条有回纹的方砖上，前面有两人捧案跪迎，后面有三个侍女随行。萧兵先生经考证认为，墓主人所站立的方砖，代表的是"方地"，其上回纹装饰如棋局，

正与盖天说中的"地方如棋局"相合①，而上面的华盖应为天的象征。此说得到了学界的普遍认可。因而这个空间表示的应是人间，而整个画面描绘的则是墓主人在地面接受生者祭拜的情景。② 方砖下面为双龙穿璧图，圆璧环中挂着向下垂悬的五彩羽，在垂羽之下的一条平板上，摆放着一个白色案桌，桌上陈列着一些馐器。案下尚有一只低矮的案桌，上面放着半圆形物，左右各有三人围坐。据陈煌先生分析，矮桌上的半圆形物应为墓主的尸体，而画面刻画的是供奉墓主尸体的场景。③ 我们认为此说可据。因而该部分画面表现的空间应是阴间，而从墓主人站立的方砖到垂羽之间的空间则应是人间与阴间的过渡地带。在阴间底部的平板下面，刻画了力士与双鱼、赤蛇等水中神物，表现的空间应是水府。

可以看到，帛画刻画了四个相对独立的空间，即天界、人间、阴间与水府。这些空间也并非完全隔绝，而是相互交通的。在水府与阴间的交界之处，有两只口衔灵芝的鸱龟正从水府爬上阴间，它们上身已处于阴间位置，而下身却还处于水府位置。这就形象地说明了两个空间之间的互通关系。墓主人的尸体存放在阴间，故阴间应为其居所，但帛画内容又显示墓主人可以来到人间接受祭拜，这又说明了阴间与人间之间同样存在互通关系。而天界与人间的通道则可以通过天门所处的位置看出。除此之外，四个空间的彼此沟通还可以从帛画中的双龙图看出。帛画描绘了两对双龙，

---

① 萧兵：《马王堆〈帛画〉与〈楚辞〉神话》，《楚辞与神话》，江苏古籍出版社 1987 年版，第 46—88 页。

② 这一图式被后来的汉画像石图像艺术所继承与发展，演变成了汉画像石中常见的"祠主受祭图"。

③ 陈煌：《古代帛画》，第 148—149 页。

一对居于天界，一对居于天界之下。下界的双龙尾部直达水府，在人间与阴间中部交壁，并从人间一直向上延伸到象征天界的华盖，双龙头部高昂，表现出奋力上升之势，与天界的双龙遥相呼应。双龙对空间的跨越则表现了宇宙空间的整体性与统一性。综上所述，1号墓"T"形帛画展现了一个相对独立而又有机统一的宇宙空间。

在3号墓"T"形帛画中（图3-3），对宇宙空间的展现仍然是图画最为明显的主题。不难看到，3号墓与1号墓帛画在题材内容上并无明显差异，但二者在空间分布上却有着很大的不同，这集中表现在：处于1号墓帛画的横幅与纵幅即天界与人间交界处的天门以及天门之上的两骑牵拉钟铎的兽神怪的画面在3号墓帛画中已被安排在了纵幅部分，其所占的面积与下部人界所占的面积相当。而这一构图的变化则表明，3号墓帛画中的天界与人间之间已经形成了一个相对独立的全新的空间，即所谓的"仙界"空间。而从1号墓到3号墓帛画空间分布的变化可以看到，在西汉文景二帝到武帝时期，帛画中的仙界空间正在逐步形成。基于以上认识，我们认为，3号墓帛画自上而下依次刻画了五个相对独立而又彼此交通的空间，即天界、仙界、人间、阴间、水府。

同样是在20世纪70年代，考古工作人员在山东临沂金雀山9号汉墓中发现了一长条形竖幅帛画（图3-4）。该帛画长200厘米，宽42厘米，大约是西汉武帝时期的作品。整个画面分为三个部分，分别由边框界开。第一部分的最上部为日月图，日居右，月居左。日中有一三足鸟，月中则有一蟾蜍。这部分表现的显然应是天界。日月之下是三座由曲线斑纹组合而成的山峰，曾布川宽先生与信立祥先生的研究结果表明，图上的山峰指

图 3 – 3　长沙马王堆三号墓 "T" 形帛画摹本

采自《长沙马王堆二、三号汉墓发掘简报》,《文物》1974 年第 7 期。

的应是昆仑山。[1] 我们认为此说可据。山峰的下面是一座屋宇,屋宇内有一妇女左向而坐,她正在接受前面四个妇女的拜谒。据发掘者推测,左向而坐的妇女应是墓主人。[2] 屋宇形状与地面的祠堂建筑十分相似,均为单

---

[1]　参见信立祥《汉代画像石综合研究》,第 188 页。

[2]　《山东临沂金雀山九号汉墓发掘简报》,《文物》1977 年第 11 期。

开间的悬山顶房屋式结构，因而这幅图描绘的应是墓主在祠堂接受祭拜的场景。图像的第二部分自上而下可分为四组不同的画面。第一组有四男一女，他们有的抚琴，有的吹竽，有的跳舞，表现了载歌载舞的场景。第二组由五男子组成，均戴鹊尾冠，左面四人与右面一人拱手行礼。第三组共六人，组成两个不同的场景。右边的是三女一男，他们正在纺织；左边是老妇问医图。第四组为三男子表演角抵的场面。以上四组图像被视为"墓主人对自己死后生活的设想"①，这应是对阴间生活的描绘。画像的第三部分由于被水浸渍，物象已变得模糊不清，但尚能依稀辨出图中绘有两条头颈向上的升龙，两龙头中间刻有一神怪，其外形特征与马王堆帛画水府中居于双鱼两侧的神怪近似。因这一部分画面被安排在了整个帛画的底部，故表现的同样应是地下的水府。

通过以上分析可以看到，金雀山帛画的整个画面共刻画了四个空间：天界、人间、阴间与水府，其空间布局与马王堆1号墓帛画几乎完全一致。值得注意的是，在这幅帛画中，昆仑山虽是通往天界的过渡，但它并未占据一个独立的空间，这一点与马王堆1号墓帛画对"天门"位置关系的处理上也是相同的。当然，二者作为过渡空间的图像学意义也并无不同。

马王堆位于湖南长沙境内，而金雀山则属于山东临沂地区，两地相去甚远，但出土的帛画无论在空间布局还是在题材内容上，均具有很强的一致性，这说明了西汉早中期，宇宙空间图式已在帛画中基本定型。

---

① 刘家骥、刘炳森：《金雀山西汉帛画临摹后感》，《文物》1977年第11期。临沂市博物馆：《山东临沂金雀山周氏墓群发掘简报》，《文物》1984年第11期。

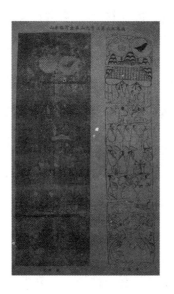

图 3 - 4　山东临沂金雀山九号汉墓帛画摹本

采自《山东临沂金雀山九号汉墓发掘简报》，《文物》1977 年第 11 期。

第三节　汉画像石中的宇宙空间图式与汉代生死观
——以鲁南、苏北、皖北、豫东一带的汉画像石为例

　　汉代人的这种思维特质对汉画像石艺术同样产生了深刻的影响。在汉画像石近三百年的发展史中，构建宇宙空间图式乃是贯穿于整个汉画像石发展始末的一条重要线索。由于鲁南、苏北、皖北、豫东一带的汉画像石图像艺术经历了一个大约从西汉中期至东汉中晚期的持续发展的过程，且具有内容丰富、题材多样等特征，故现以该地域的汉画像石图像艺术为例分析汉画像石中的宇宙空间图式及其意义。

一　汉代画像石的宇宙空间图式及其意义

1. 西汉中晚期画像石的宇宙空间图式

西汉中晚期是画像石的早期发展阶段。这一时期，汉画像石已表现出地上人界与地下冥界两个不同的空间观念。图 3 - 5 为出土于山东兖州市农机学校的画像石，为西汉元帝至平帝时期的作品。画像刻于石椁的长椁板上，左右分三格。其中右格刻一厅堂式建筑，堂内主人凭几端坐，旁边有一人立，主人身后有二人执戟而立。厅堂后有双阙。中格刻两辆四维轺车左向行，前面有三导骑与一执戟随从及数只狗，旁边有人物拱手或跪拜迎接。左格刻重檐双阙，阙间有一人站立，阙旁二人执戟而立，阙上有凤鸟栖息。右格的厅堂式建筑应是对地面祠堂建筑的模仿，堂内凭几而坐之人则是亡灵。右格画像所展现的是亡灵在地面祠堂接受生者祭拜的场景。左格画像是双阙图。我们知道，双阙既是墓地的标志性建筑，也是用以标识地下冥界与地上人界两个不同空间之间的分界点。中格画像为车马出行图。从车马行进的方向来看，三幅画像从右至左构成了一个连贯的叙事，即亡灵在地面祠堂接受生者的祭拜，完成祭拜之后，亡灵乘坐车马前往墓地的双阙，回到地下的冥界。在这个连续的叙事中，我们发现亡灵的活动伴随着空间的转移，即往返于人界与冥界之间的空间转移。

这种在地上人界与地下冥界进行空间转移的图像在西汉中后期的画像石中十分常见。如图 3 - 6 是出土于山东微山县微山岛沟南村的画像石。该画像为西汉宣帝至元帝时期的作品。画像仍然被刻于石椁的长椁板上。画像分为左中右三格。左格刻一重檐双阙。阙内有一人持盾而立，左右各

图3－5　山东兖州市农机学校出土的西汉元帝至平帝时期的画像石

采自《中国画像石全集》第二册，图19。

有一执剑者。阙上有鸟数只。中格画面可分上下两层。上层刻二轺车，二执戟者导引，扛弩者一边行，前有二人恭立相迎。下层为狩猎图。右格画面分两层。上层为厅堂式建筑。堂内有一人饮酒，二人跪拜。堂外有侍者二人。下层门内有二人手握双齿叉，门外左一人扶杖，一童踞坐；右有一鸟首人身者和兽首人身者相对而立。由于西汉中晚期的画像处于发展过渡期，因而其图像内容也表现出较大的不稳定性。就右格画像来看，该建筑应是厅堂式建筑的变形样式。画像设计者试图在厅堂建筑的内外增加图像内容，但因未能掌握透视法的表现技巧，故将厅堂建筑左右两侧的守卫安排在了整个厅堂建筑的下方，使厅堂式建筑变成了上下两层"楼阁"的建筑样式（见图3－6。本书还将在第四章对此详加分析，此处从略）。尽管存在这种视觉上的误差，但对比厅堂式建筑的基本图式，我们还是很容易判断该图表现的就是亡灵在地面祠堂接受生者祭拜的场景。中格画像也分为上下两层。上层为车马出行图，下层为狩猎图。在这幅画像中，狩猎图被安排在了画面的下方，这里它是作为一种程式化题材出现的。因而三幅画像在叙事上同样是连贯的，即亡灵在地面的祠堂接受生者的祭拜之后，乘坐车马到达双阙，然后回到地下的冥界。不难看到，整幅画像同样表现了亡灵在地上人界与地下冥界之间的空间转移。

图 3 - 6　山东微山县微山岛沟南村出土的西汉宣帝至元帝时期的画像石

采自《中国画像石全集》第二册，图59。

通过以上分析可以看到，地上人界与地下冥界的不同空间观念已在西汉中晚期的画像石中得到了生动形象的展现。但值得注意的是，人界与冥界的空间位置关系在这一时期的汉画像石中还未得到清晰展现。

2. 东汉早期的宇宙空间图式

西汉晚期到东汉早期，传统的墓葬形制发生了改变，小型的石椁墓逐渐为大型的房屋式墓室所取代，画像面积得到进一步扩展。东汉早期，鲁南、苏北、皖北、豫东一带画像石的宇宙空间分布发生了较大的变化，人界与冥界之间的上下垂直空间位置关系得到了确立。图 3 - 7 是出土于山东嘉祥县吴家庄的东汉早期的画像石。该画像的整个画面分为上下两层。上层为"二重建筑图"。其中上层建筑有四妇女正面端坐。下层建筑中有主人正面左向坐，前有一人跪拜，另有三人恭立，门外有二持戟守卫者。下层画面刻一双阙图与车马出行图。前文已述及，上层画面的二重建筑图表现的乃是地面祠堂建筑，故上层画面表现的是祠主受祭图的场面，而下层画面表现的仍然是传统的车马出行场景。由于车队人马两边刻有双阙，

因而车骑出行图行进的方向应是从地下冥界向地上祠堂行进。而上层的
"楼阁"图表现的是以地面祠堂为中心的地上人界空间，那么位于"楼
阁"图之下的车马出行图则说明了人界与冥界之间的空间关系已固定为上
下垂直关系。这一结论还可以从图 3 - 8 得到进一步的证明。该画像为出
土于山东嘉祥县城东北五老洼的东汉早期的作品。整个画面同样分为上下
两层，上层为祠主受祭图，下层为车马出行图。由于上层"楼阁"图的左
侧有一树，树下停靠车马，故上层与下层画像之间的图像学意义得到连
接，即亡灵乘坐车马从地面的冥界来到地面的祠堂接受生者的祭拜。由此
可见，地上人界与地下冥界也形成了上下垂直的空间关系。这种将地上人
界置于地下冥界之上的垂直分布方式成为东汉中后期画像石的基本空间
图式。

图 3 - 7　山东嘉祥县吴家庄出土的东汉早期画像石

采自《中国画像石全集》第二册，图 129。

　　与此同时，由于升仙思想的流行，汉画像设计者展开了对仙界空间图
式的缔造。山东孝堂山祠堂画像为东汉早期的作品，它展现了这一时期汉

图3－8　山东嘉祥县城东北五老洼出土的东汉早期画像石

采自《中国画像石全集》第二册，图142。

画像石宇宙空间图式在发展过程中的过渡痕迹。

孝堂山祠堂位于山东长清县西南面，整个祠堂的结构为：西壁一石，东壁上下二石，两壁石上部皆为锐顶三角形，后壁横列二石；前面正中设一上有栌斗的八角形柱，在栌斗和后壁上架一三角形隔梁石，分室为两间；两山墙前各立一竖条石柱，和中间八角形柱上横置挑檐枋石，以托屋顶前檐；屋顶四石覆盖于前后两坡。①

祠内除顶部外，墙壁和三角形隔梁石上都刻满了画像。其中石祠的隔梁居于这些画像石的最高位，而隔梁底部的画像则正处于屋顶的正中部位。图3－9为孝堂山石祠隔梁底面画像。该画像的整个画面可分为南北两段。南段刻一日轮，日中有金鸟。日旁有织女坐于织机上，上有三星相连，当为织女星座；织女后有六星。日轮外侧有相连的南斗六星及一小

---

① 蒋英炬、吴文祺：《山东的汉画像艺术——概述山东汉代石阙、祠堂、墓室的代表性画像》，《中国画像石全集》第一册（前言），第36页。

星，南斗下有浮云和一飞鸟。北段刻一月轮，轮中有玉兔和蟾蜍。从内容来看，画像主要刻画的是日月星辰图，展现的应是天界空间。

图 3 – 9　孝堂山石祠隔梁底面画像

采自《中国画像石全集》第一册，图47。

低于隔梁的是石祠东壁、西壁与后壁的画像石（图3-10、图3-11、图3-12）。结合三幅画像的空间位置来看，东西壁的山墙锐顶部分位于画像的最高位置。其中东壁（图3-10）的山墙锐顶部分刻画的主要内容是：持矩的伏羲、风伯拔屋、雷神出行、持刀人及戴手铐脚镣的罪人。雷神乃是神界的成员，其与持刀人及戴手铐脚镣的罪人结合起来表现的图像学意义应是人间的罪人被押解到神界来接受天神的惩罚。但西壁（图3-11）的山墙锐顶部分展现的则是仙界的场景。其内容包括执规的女娲、贯胸人、西王母及侍奉者、灵异仙人。很明显，这一部分的画像已主要围绕仙界的题材展开。对比东西两面山墙，可以看到，仙界与神界的空间位置还没有完全确立。而这也反映了这一时期的人们对于仙界与神界之间的空间界限并没有清晰的认识。祠堂东西壁山墙锐顶之下刻画的均是车马出行图，二者与后壁（图3-12）的出行图连在一起，组成声势浩大的出行场面。车马出行图之下，东西壁与后壁分别由不同的画面组成。就后壁来看，其画像内容主要是"楼阁"建筑图，包括并列的三座两层"楼房"和四座重檐阙，"楼阙"脊上有鸟兽，"楼上"均有妇女端坐，"楼下"皆为人物拜谒场面。根据西汉至东汉早期的"楼阁"画像来看，后壁"楼阁"内虽然刻画了众多的屋宇及人物，但表现的仍应是亡灵来到地面的祠堂接受子孙祭拜的情形。可见，这一层所处的位置应在地上的人界。后壁的祠主受祭图之下刻画的是孔子见老子的画像，内容包括：中间孔子拄鸠杖，榜题"孔子"，与孔子相对的为拄曲杖的老子和推轮童子项橐；孔子身后三十人，老子身后十四人，皆捧简侧立，当为孔子弟子。孔子见老子的画像之下也即位于整个画像底端的是车马出行图。

图 3 – 10　孝堂山石祠东壁画像

采自《中国画像石全集》第一册，图42。

图 3 – 11　孝堂山石祠西壁画像

采自《中国画像石全集》第一册，图43。

图 3 – 12　孝堂山石祠后壁画像

采自《中国画像石全集》第一册，图 44。

前文已述及，"楼阁建筑图"居上、车马出行图居下的构图方式乃是东汉早期画像石中十分常见的图像组合方式。但在孝堂山后壁画像中，我们看到了这种组合的变化形式，即在"楼阁图"与车马出行图之间插入了孔子见老子图。我们认为，这种变化仅仅是为了使图像内容更为丰富，并未在本质上改变图像组合的基本框架，而"楼阁图"与车马出行图之间所存在的关联仍未改变，即二者同样象征着地下冥界与地上人界的空间关系。

从孝堂山画像中宇宙空间的布局来看，居于屋顶正中部位的隔梁底部画像表现的是神界空间，它处于整个祠堂画像的最高位；屋顶之下的山墙锐顶部分，东壁刻画的是神界的场景，西壁刻画的是仙界的场景；山墙锐顶部分之下表现的是地上的人界空间，而地下的冥界空间则被安排在了整个画像的最底端。可以看到，孝堂山石祠画像展现了四个不同的空间：神界、仙界、人界与冥界。虽然仙界与神界的空间布局尚处于不稳定的状态，但四个空间自上而下的排列方式已基本形成。

3. 东汉中晚期的宇宙空间图式

随着汉代宇宙空间观的进一步发展，神界、仙界、人界、冥界的空间位置在汉画像石中逐步得以固定。到了东汉中晚期，画像石已具有了较为完整与固定的宇宙空间图式。

迄今为止，山东嘉祥武氏诸祠堂①的汉画像石是现今出土的最能全面展现汉代宇宙空间图式的作品。现以武氏祠左石室画像作为考察对象。

武氏祠左石室屋顶位于整个空间的最高位，上面刻满了各种各样的神灵。如左石室屋顶前坡西段（图3-13）画像的内容包括：第一层，刻一头绾高髻的女神乘云车、御三翼龙左向行，前有翼龙、羽人、羽人骑翼龙前导，右边一人执笏恭立，二人执笏跪迎。第二层，刻雷神右向出行施威图。雷神乘坐于五羽人拽拉的云车上，执桴击建鼓；车后有风伯吹风和羽人；右边卷云上有电母、雨师执鞭、抱壶；拱虹下雷公执锤、俯身下击一披发伏地者；右端一妇女抱小孩作跌扑状。第三层，刻执锤、勺、刀、魁、瓶、盆的神人，持五兵的神怪和熊等神怪灵异。第四层，刻数力士背虎、负牛、拔树、擒牛、拽猪等形象及一骑者。②信立祥先生认为这是一幅表现天界刑罚图的画像。我们认为，此说可据。

---

① 据《中国画像石全集》第一卷"前言"载："武氏家族史籍无载，根据武氏石阙铭和碑文记载，武氏家族的成员有：母，四子武始公、武梁（字绥宗）、武景兴、武开明，武梁的三个儿子仲章、季章、季立，武开明的两个儿子武斑（字宣张）、武容（字舍和），武梁的孙子子侨。其中出仕为官并立碑记载的四人中，武梁官从事，死于元嘉元年（公元一五一年）；武开明官吴郡府丞，死于建和二年（公元一四八年）；武斑官敦煌长史，死于永嘉元年（公元一四五年），是武氏家族中英年早逝的一员；武容官执金吾丞，死于'孝桓大忧'之际，约当灵帝建宁元年（公元一六八年）。由此可知武氏诸祠堂的建立约在东汉晚期的桓、灵时期。"参见《中国画像石全集》第一册，第38页。

② 参见《中国画像石全集》第一册，"图片说明"第29页。

图 3 – 13　武氏祠左石室屋顶前坡西段画像

采自《中国画像石全集》第一册，图 88。

在武氏祠左石室屋顶的下面为东壁、后壁、西壁三个墙壁，墙壁上皆刻满了画像（图 3 – 14，东壁、后壁、西壁各画像详见附录）[①]。三面墙壁上分别有三个装饰带将墙壁上的画像分为三个不同的部分。其中屋顶之下的锐顶山墙部分是整个墙壁的上部，其处于第一个装饰带的上部，这部分画像展现的是以西王母为中心的神仙世界。如左石室西壁画像的最上层也即锐顶部分刻画的内容包括：西王母端坐于榻上，周围及两侧有众多羽人、捣药的玉兔、手执针砭的人首鸟身神异、翼龙及鸟首卷云纹。而在东壁锐顶部分的画像同样刻画了一个神仙世界：东王公端坐于正中榻上，两侧有各种形状的羽人、蟾蜍、人首鸟身者和怪兽灵异。

左石室锐顶山墙下部也即第一个装饰带之下、第二个装饰带之上的部

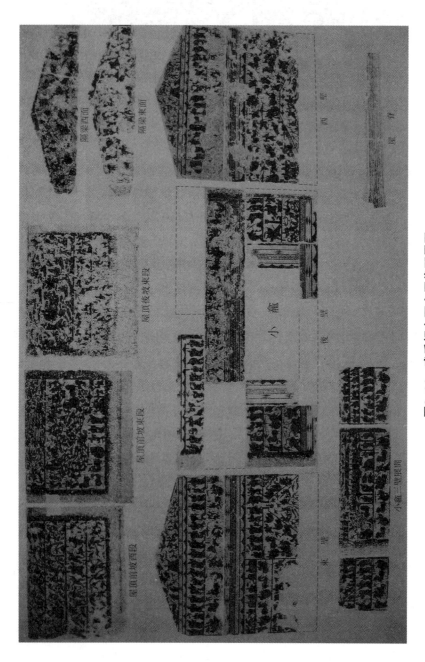

图3-14　武氏祠左石室画像配置图

采自《中国画像石全集》第一册"前言""插图——"，第42页。

分，三面墙壁刻画的均是孔子弟子图，其下为车马出行图。在第二个装饰带之下，东壁、后壁、西壁的画像内容均有较大的不同。先看后壁的画像。左石室后壁有一向外伸出的小龛，小龛三壁也刻满了画像。因而后壁画像就包括小龛东西两侧的画像及小龛内壁三面的画像。这些画像均分布在第二个装饰带以下。首先，小龛内壁后面的画像可分为两层，均为传统题材：上层为祠主受祭图，下层为车马出行图。从上层祠堂左侧停靠的车辆马匹来看，上下两层的图像学意义是相互关联的，即表现的是祠主乘坐车马从地下冥界来到地上的祠堂接受子孙祭拜的叙事。因而，后壁画像展现了地上人界与地下冥界两个上下垂直的空间。小龛内壁的东西两侧刻画的是一些历史故事。在左石室东西两壁第二个装饰带以下，刻画的主要有宴饮图、庖厨图、升鼎图、过桥图等。

　　因而就左石室画像的整个空间分布来看，屋顶表现的是神界，山墙表现的是仙界，小龛内壁后部表现的是地面人界与地下冥界两个空间。那么，神界、仙界、人界与冥界则构成了一种自上而下垂直分布的空间关系。而这四个空间又有着怎样的关系呢？毋庸置疑，左石室小龛内后壁的画像展现的是冥界与人界之间的互通的关系。那么，冥界、人界、仙界三个空间之间的关系又是否得到展现呢？对于这一点，我们可以从左石室屋顶前坡东段的画像（图2-9）得到答案。前坡东段画像可分为上下两层，中间由一界栏隔开。上层刻有仙人乘云车、羽人骑翼龙左行等图像，表现的应当是仙界的场景，但与传统构图完全不同的是，仙界中的主宰人物——西王母与东王公却被放在了图像的下层，并与地面祠堂、墓地安排在了同一画面之中。在整个画面第二层的上部，西王母居于右端，东王公居于左端，二仙坐于卷云之上，周围有男女羽人侍奉。东王公的左侧，有一辆翼马驾着骈车正向其驶去。位于西王母左下侧之处，也有一辆翼马驾的骈车乘着卷云正向上方驶进。画面的中部卷云缭绕，云中飞翔着众多的羽人。画面的下部，右边刻三个圆形的坟冢，坟内有线刻的妇人和羽人，坟上飞云升起与上面的卷云相连，飞云旁有羽人。坟右有堂和阙及二人左向行，左边停立二马和一有屏辎车，车后二人持戟，一人执笏右向立。整个画面隐含着三个完全不同的空间。西王母、东王公是仙界的象征，画像底端右侧的堂与阙是指地面祠堂与阙，应是人界的象征，而坟冢则是通向地下冥界的门径。可见，仙界、人界与冥界被安排在同一个画面之中，彼此之间并无间隔。画面下部的卷云从坟冢中冉冉升起，一直盘旋缭绕到画像上部的仙界，使三个不同的空间形成为一个上下贯通的整体。在这三个空间之中，除了仙界的羽人可以自由地往返其间外，居于冥界的墓主人同样可以凭借车骑进入仙界。坟冢内升起的卷云与行进在云层中的车骑出行图生动地展现了墓主人在羽人的导引下从坟冢乘坐车骑飞升到仙界的场景。为了表现仙界与人界之间的遥远距离，画像设计者在两个空间之间刻绘了大面积的卷云，两辆正在行进的车骑被分别安排在不同高度的卷云之上，这也说明了墓主的仙界之旅乃是一个长途跋涉的行程。

同样的，山东嘉祥武氏祠前石室天井前坡西段与东段的画像则向我们展现了神界与其他空间之间的互通关系。

西段画像（图3-15）整个画面共分四层。第一层为仙人出行图。第二层为雷神出行图。第三层主要由卷云构成，右端为风伯施法图。第四层为北斗星君出行图。值得注意的是，在这个宇宙至高无上的空间中，除居

住着天界的诸神之外，还运行着另外一些空间的成员。羽人是仙界的基本
成员，它们所处的位置应在低于神界的空间。但画像第一层却着力刻画了
羽人乘坐仙车往来于神界的场景，这就说明仙界与神界两个空间之间存在
着相互交通的关系。除此之外，画像第四层的左端还刻画了一位坐在北斗
云车上的北斗星君，他的前面有一位身着袍服的人物双手执笏跪在地上，
正向星君禀报着什么，地上则摆放着一颗头发散乱的人头。该图描绘的应
是北斗星君对人间罪人进行惩罚的场景。图像同样说明了天界与人界之间
所存在的必然联系。

图 3 - 15　武氏祠前石室屋顶前坡西段画像

采自《中国画像石全集》第一册，图 73。

前石室天井前坡东段画像（图 3 - 16）也表现了相同的宇宙空间观念。
整个画面上下分为四层。第一层为神人左向出行图：前为三翼龙、三马首
异兽、一羽人骑牛首异兽，后二神人乘云车、驾三鸟首异兽随行，左端一
人执笏恭迎。第二层为女娲伏羲、羽人卷云图。第三层为神人右向出行
图。图画内容包括：四羽人持幡骑翼龙前导，一神人乘云车，御者驾三龙

紧随,车后二羽人荷幡相从,右端一羽人执幡、一羽人下跪,左向迎。以上画像中,羽人与神人的共同出行,表现了仙界与神界之间的沟通。而在第四层画像中,宇宙间的这种关系则更为明朗。该画像内容包括:异兽、羽人和鸟首、龙首卷云及三位身着袍服、头戴冠冕的人物。从衣着配饰来看,他们也应是从人界或是冥界而来,但三人皆肩生双翼,这又说明他们已完成了羽化登仙的过程,并升格为仙界的成员。然而这三个升仙人物却又出现在了位于仙界之上的神界之中,这同样说明了四个不同空间之间所存在的互通关系。

图 3－16   武氏祠前石室屋顶前坡东段画像

采自《中国画像石全集》第一册,图72。

武氏诸祠向我们展现了一个较为完整的宇宙空间观:宇宙自上而下垂直分布着神界、仙界、人界与冥界四个不同的空间,这四个空间相互独立,但却彼此沟通。

武氏祠画像所展现的宇宙空间观也是东汉晚期较为流行的宇宙空间观。虽然迄今为止我们尚未发现有比武氏祠更为完整地展现出东汉宇宙空间观的画像石群，但也有不少单个或成组的画像石在局部上展现了这种空间观，如宋山小石祠后壁画像石便是其中一例（图 3 - 17）。该画像整个画面自上而下分为两层。第一层为祠主受祭图。第二层为车马出行图。从祠堂建筑图右侧的大树旁停靠的车马来看，下层的出行图到达的目的地是第一层的地面祠堂。因而第一层与第二层所表达的图像学意义是居于地下冥界的墓主乘坐车骑来到地面的祠堂接受子孙祭拜的行为活动。可见画像的第一层与第二层展现了地面人界与地下冥界两个不同的空间。从构图形式与图像配置来看，宋山小石祠后壁画像与武氏祠后壁画像的内容是完全一致的，二者所展现的宇宙空间观也并无不同。

图 3 - 17　宋山小石祠后壁画像石

采自《中国画像石全集》第一册，图 92。

图 3 - 18 为宋山小石祠东壁画像。整个画面共分四层。第一层，中间刻东王公端坐于榻上，两侧有羽人侍奉，右端还有一人首鸟身者执笏右向立，上方有卷云纹。第二层，左边一妇女抚琴，其后一女，其前一男伴唱；右边三人踏鼓舞蹈，中者执桴作抚踏摩跌状。第三层，刻庖厨图：左

边上悬挂肉、猪头、兔、鸡、鱼。一人取鱼，一人执小刀；下一人烧鼋蒸饭，一人洗刷，右边一人汲水，一人剥犬。第四层，车骑左向行。前二骑吏，前者执棒；后一轺车，乘、御者各一人。

图 3 - 18　宋山小石祠东壁画像

采自《中国画像石全集》第一册，图 90。

从整个画面来看，居于画面最高层的是以东王公为中心的仙界图。这一层图像所在位置也远远高于后壁的祠堂画像，表现出这是一个处于地面之上的空间。第二层是乐舞图，第三层是庖厨图。结合第二层与第三层的图像内容来看，两层画面表现的均应是生者为祭祀墓主而进行的活动。其中第二层的乐舞是生者为了取悦于墓主而进行的表演，第三层是生者为宴享墓主而准备的祭祀食品。因而第二层与第三层画面展现的均是地上人界的活动。第四层的车马出行图处于画面的最底部，并与祠堂后壁最底部的出行图相连。从车主的装束来看，东壁车主与祠堂中接受祭拜的祠主完全相同，皆头戴高冠，身着袍服因而可以推断这一层刻画的也应是处于地下空间的墓主的出行图。结合上面两层的画像，也可以进一步推断第四层的图像学意义是指，居于地下冥界的墓主乘坐车马来到地面享用子孙敬献的乐舞与美食。因而，可以看到，东壁祠堂的画像包含了三个不同的空间：仙界居于最上，其次是地面的人界，地下的冥界居于最下。而出现在画面底端的出行图与地面祠堂的车马又表明了地面人界与地下冥界之间的互通关系。

从以上图例可以看到，东汉晚期的画像石已形成了较为成熟完整的宇宙空间图式：神界居于画像的最高位置，其下是仙界，仙界之下是人界，冥界处于画像的最低位置。四个空间虽相对独立，但可以彼此往来交通。

出土于山东滕州市桑村镇西户口村的东汉晚期的画像石同样展现了相似的宇宙空间图式（图 3-19）。该画像整个画面自上而下可分八层。第一层刻以西王母为中心的神仙世界。第二层刻珍禽异兽图。第三层刻众人捧简讲经图。第四、五、六层中间刻建鼓乐舞图。其中第四、五层两边分别刻两列人物观看，第六层左边刻六博图，右边刻一列人物观看。第七、八层刻车马出行图。从空间层次来看，整个画面可分为三个不同的空间层次：第一个空间为仙界，由西王母以及仙界的诸多成员构成。这个空间位于画面的第一层、第二层。第二个空间为人界，它位于画面的第三、四、五、六层，其画面内容表现的是祠主在祠堂接受生者祭拜以及宴饮娱乐的场景。第三个空间是地下的冥界，它位于画面的第七、八层，其刻画的内容主要是由地下冥界驶向地面祠堂的车马。

再如，出土于江苏徐州市贾汪区青山泉乡的白集祠堂东壁画像也展现了相同的特征（图 3-20）。该画像自上而下分为五层。第一层刻以东王公为

图 3 - 19　山东滕州市桑村镇西户口村出土的东汉晚期画像石

采自《中国画像石全集》第二册，图 229。

中心的仙界。第二、三层刻珍禽异兽。第四层刻"三重楼阁图"。第五层刻车马出行图。其中第一、二、三层可视为仙界。第四层的"楼阁图"表现的是地面祠堂建筑，属于地上的人界。第五层为传统的车马出行图，表现的应是地下的冥界。可见仙界、人界、冥界仍然是自上而下的垂直分布关系。

当然，随着宇宙空间图式的程式化，在东汉晚期的画像石中，由于刻画的内容各有侧重，多数画像并未完整地表现出四个不同的空间层次，但就画像中各题材内容所处的空间层次来看，它们仍然遵循着自上而下的垂直分布方式。如出土于江苏徐州铜山县北洞山的画像石即为其中一例（图3 - 21）。

从整个画面的内容与构图模式来推断，该图应是东汉中晚期的作品。整幅图画自上而下分为四层。第一层刻西王母正面端坐于层台之上，左右

图 3 - 20　江苏徐州市贾汪区青山泉乡出土的白集祠堂东壁画像石

采自《中国画像石全集》第四册，图 88。

图 3 - 21　江苏徐州铜山县北洞山征集的画像石

采自《中国画像石全集》第四册，图 101。

有羽人、珍禽异兽等。第二层刻山峦重叠，有猎犬与猎鹰正在追逐着麋鹿和野兔。第三层刻一群龙相嬉戏，右边刻一鸟衔食。第四层刻一骈车、一骑吏和一辇车左向行。从空间层次来看，第一层表现的应是以西王母为中心的仙界。第二层为狩猎图。第三层为珍禽异兽图。第四层为车马出行图。其中第二层与第三层应属于填充性质的内容（许多画像皆有填充性质的内容），而第四层为传统的车马出行图，属于地下的冥界空间。可以看出，这幅画像仅仅表现出了仙界与冥界空间，神界与人界空间皆不在其中。但值得注意的是，画像设计者对于仙界与冥界的空间安排仍然遵循了自上而下的垂直分布方式。

通过以上对鲁南、苏北、皖北、豫东一带汉画像石的分析可以看到，神界、仙界、人界、冥界的自上而下的垂直空间分布乃是东汉中后期画像石的较为流行的宇宙空间图式。

二　汉画像石宇宙空间图式形成的原因

从西汉中晚期到东汉中晚期，对宇宙空间图式的构建一直是贯穿于汉画像石整个发展进程的重要线索。到了东汉中晚期，汉画像石的宇宙空间图式已日趋成熟并固定下来，而各种题材内容也寻找到了相应的宇宙空间位置，这些题材内容共同表现了宇宙时空的秩序。这一时期的汉画像石已成为一个以宇宙时空为基本框架，以展现宇宙秩序为基本内容的艺术载体。巫鸿先生敏锐地认识到武梁祠所具有的这种特征，他在其著作《武梁祠——中国古代图像艺术的思想性》中，首先揭示了武梁祠的本质内涵乃是"宇宙之图像"，他将武梁祠中的所有题材内容囊括于"宇宙之图像"

之下，从"屋顶：上天征兆""山墙：神仙世界""墙壁：人类历史"等几个方面对这些题材内容进行了释读①。而事实上，在汉画像石约三百年的发展史中，宇宙图式的构建皆是贯穿于画像石整个发展进程的线索，也是推动汉画像石发展演进的基本动力，可以说对于宇宙图式的刻画乃是汉代图像艺术的共同特征。诚如赵超先生所说：

　　壁画墓与画像石墓，都在努力造成一个完整的反映墓主生前所处宇宙与社会文化的时空范围。当然，由于各种条件限制，这种再现的时空范围远远不能纤毫毕现，面面俱到，而只能采用高度概括抽象的形式，选择社会生活中最有代表性、最为人企羡的典型场面作为各方面的反映。因此，除辟邪与单纯装饰的画面外，画像石墓以及壁画墓中每一块画像都代表了一个特定的宇宙空间或社会范畴，具有高度的象征意义②。

朱存明先生也曾指出：

　　这种 T 型帛画，民俗学中称为"幡"，在为死者送葬时，由死者的儿子举着走在前面，与棺柩一起送入墓室，最后将它放在棺盖上，象征死者的灵魂沿此宇宙图式而升入仙界③。

① ［美］巫鸿：《武梁祠——中国古代图像艺术的思想性》。
② 赵超：《汉代画像石墓中的画像布局及其意义》，《中原文物》1991 年第 3 期。
③ 朱存明：《汉代墓室画像的象征主义研究》，《民族艺术》2003 年第 1 期。

　　因而我们认为，对宇宙图式的构建不应是一种个体的随意的行为，而是源自某种普遍的心理动因或者某种集体无意识的精神需求。那么，这种共同的精神追求又产生于一种怎样的心理动因呢？我们认为，主要有以下几个方面原因决定了汉画像石艺术的这种表现形式。

　　首先，汉代画像设计者的这种精神追求与汉代宇宙观念的发展演变有着密切的关系。由于受到"天人合一"思想的深刻影响与理性精神的进一步发展，汉代人对宇宙时空的运行模式表现出浓厚的兴趣与不懈的求索精神。这种精神追求对汉代人的思维模式产生了深刻的影响。可以说，汉代人在认识与构建一切事物之时，几乎都是以宇宙模式作为根本出发点的。对于这一点，我们已在前文进行了详细的论述。因而在宇宙模式的基础上构建其图像艺术，并不是汉代画像石独有的特征，而是汉代文化所共具的精神。而这也是汉代帛画与汉画像石何以都出现了完整的宇宙时空图式的根源之所在。诚如鲁惟一先生所说：

　　　　汉代哲学家提出的问题、汉代祠堂中遵循的仪规以及贯穿汉代神话的主题，反映了一些体现中国人精神和心灵的基本态度和观念。这些态度和观念部分地源于在一个易变的世界中对不变的寻求。汉代人所深切关注的是维持那些自然周期的永恒运转，天地万物由此而生，由此而存；同时，他们希望调整自己的思想与行为，来顺应这些周期[1]。

---

[1] ［英］鲁惟一：《汉代的信仰、神话和理性》，王浩译，北京大学出版社 2009 年版，第 7 页。

　　其次，汉画像石在本质上是一种丧葬艺术品，表达死亡的主题是这种丧葬艺术品的内在规定性，而这一特性也在汉画像石的题材内容中得以体现。那么，作为展现死亡主题的艺术载体，汉画像设计者所面临的首要问题便是如何去描绘死者的存在状态，具体包括死者的生命形态是怎样的？死者的家园在何方？死者在哪些空间活动？死者羽化登仙之后将前往何方？死者过着怎样的生活？等等。而在两汉时期，汉代人的生死观念有着丰富而复杂的内涵。首先在"视死如视生"观念的影响下，汉代人认为死亡并不意味着生命的结束，死者只是从人界转移到了冥界继续生活，而死者仍可以凭借特殊的交通工具往来于人界与冥界之间。不仅如此，汉代人还认为，在生之人或是死后的亡灵通过特定的修炼方式或巫术活动，还可以实现生命形态的转化，完成羽化登仙的过程，而进入仙界之中。那么，这就意味着死者的存在状态与生活方式至少会在三个空间——冥界、人界、仙界中展开。因而，汉画像石要表现亡灵的存在状态，就必须解决空间的结构层次问题，而只有这一问题得到了解决，亡灵的生存状态才可以得到进一步的展现，而我们认为，这也成为汉画像设计者一直致力于宇宙图式的构建的根本动因，也是作为丧葬艺术品的汉代画像石与帛画何以具有共同特征的根源之所在。

　　在汉画像石与帛画的宇宙图式中，我们发现，汉画像设计者并没有凸显死者经常出没的冥界或是人界两个空间，相反地，我们看到的是汉画像设计者对空间层次结构的描绘是客观的。就帛画而言，天界占据横幅画面，表现的是天的广袤无垠，而人界与冥界皆占据大约相当的面积。而画像石则多依托于屋宇结构，画像设计者通常是将神界安排在屋顶，仙界安排在山墙，人界在神龛之后，冥界则安排在神龛之下。可见，汉画像设计者对每个空间的安排皆是以体现其固有的特征为基本依据的。因而，我们认为，汉画像设计者在构建宇宙空间图式之时，是持着极为理性与客观的态度的。这种理性的态度表明，汉画像设计者试图准确地表现出死者在宇宙中的存在状态从而为人们认识生命的各种状态与归属提供客观参照的意图。

我们知道，人类对于不可把捉的事物与未知的状态总是充满着恐惧。而人类对死亡的巨大恐惧也正是来自对死亡的不可把捉。这主要表现在：其一，死亡往往是不可控制的；其二，死亡之后的状态是不可知晓的。人们由于对死亡的恐惧，因而曾一度将人死之后的归所视为阴森恐怖之地。如《招魂》记载：

> 魂兮归来！君无上天些。虎豹九关，啄害下人些……魂兮归来！君无下此幽都些。土伯九约，其角觺觺些。①

可见，无论是上天还是入地，在人们的头脑中，死亡的去处皆是可怕的。但在东汉中晚期的画像石中，我们看到人们对于死亡的不可把捉的恐惧已得到了很好的解决。首先，死亡是可以控制的，在世之人与死亡之人皆可通过特定的方式重新获得生命，甚至可以获得永恒的生命。其次，人死之后的归所也并不是阴森恐怖的所在。在地下的冥界，人们同样可以享

---

① 洪兴祖撰：《楚辞补注》，中华书局 2008 年版，第 201 页。

受到生前的幸福生活，不仅如此，亡灵在地下的冥界甚至能享受到在世之人不能获得的幸福，也可以免去在世之人的诸多痛苦。再次，死亡也并不意味着生命的结束，死者只是转移到了其他空间继续生活，他同样可以凭借交通工具来到别的空间处理事务或与亲人会面。因而，从汉画像石所反映的死者在宇宙中的存在状态可以看到，汉代人在探索生死问题上是持积极乐观的态度的，他们不仅将人死之后的空间位置变得可以把捉，而且将人死之后的生活状态变得可以把捉，甚至也将人的死亡变得可以控制。因而我们认为，探索生命在宇宙中的存在状态，寻找死者在宇宙时空中的坐标，从而解除人们对死亡恐惧的困惑，正是汉代人在汉画像石中构建宇宙图式的根本动因。

第四章

"祠堂建筑图"的构建与汉代 "死亡"观念的发展演变

——以鲁南、苏北、皖北、豫东一带的汉画像石为例

"祠主受祭图"乃是贯穿于汉画像石整个发展始末的重要题材。在鲁南、苏北、皖北、豫东一带汉画像石长达三百余年的发展进程中，"祠主受祭图"的题材内容与构图形式历经了一个发展演变的过程。"祠堂建筑图"是"祠主受祭图"最为重要组成部分，"祠主受祭图"的发展演变则主要体现在祠堂建筑图的发展演变之上。从西汉中晚期到东汉晚期，该地域汉画像石中的祠堂建筑图在建筑样式上先后历经了单开间的厅堂建筑、"前堂后室"结构的建筑、"前堂后室"结构的建筑群以及"前堂""后室"相互独立的建筑群等多种样式，这些建筑样式的发展演变生动地展现了汉代人在死亡观念上的变迁。

第一节　单开间的厅堂式建筑图所展现的汉代死亡观念

在西汉中晚期的画像石中，祠堂建筑多是以单开间的厅堂式建筑样式出现的。如图 4 - 1 为出土于山东济宁师专的汉墓群中 M4 西壁画像，为西汉元帝至平帝时期的作品。该画像的中格刻一厅堂式建筑。[1] 该厅堂建筑为单开间的悬山顶房屋式样式。厅堂内一人凭几端坐，右侧一人执笏跪拜，厅外左侧一人跪坐，上悬一鼓，右侧厅柱上拴一马。在 M10 东西壁画像中，我们也可以看到相同的建筑样式。如 M10 东壁中格画像的正中刻一单开间的悬山顶房屋式的厅堂画像，厅堂的屋顶两侧各有一龙头，堂内一人凭几而坐，堂左一人执戟站立，堂右一人揖手恭立。[2] 以上厅堂式建筑皆为单开间的悬山顶房屋式样，前面均无门扉。在早期画像石中，这种以单开间的厅堂式建筑表示地面祠堂的构图模式大量存在。如出土于山东临沂市罗庄区册山乡庆云山南坡的画像石是西汉元帝至平帝时期的作品，其中雕刻于二号石椁墓东壁的画像内容为：画像左右分三格。左格与右格皆为一圆璧图。中格刻一单开间的厅堂式建筑，前无门扉，厅堂内有二人相对跽坐。屋顶有一飞鸟，屋外两侧各有一棵常青树。[3] 中格画面中的厅堂

---

①　济宁市博物馆：《山东济宁师专西汉墓群清理简报》，《文物》1992 年第 3 期。

②　当然也有将厅堂式建筑刻于长椁板右格的。如在出土于山东兖州市农机学校的石椁墓中的石椁长椁板的右格刻有：一堂二阙，堂内主人凭几端坐，前面一人立，身后二人立，其中一人持剑，一人执戟。

③　参见《中国画像石全集》第一册，"图版说明"，第 33 页。

式建筑表现的仍然是地面祠堂,而建筑内的人物同样是墓主人。

图 4 - 1 山东济宁师专出土的汉墓群中 M4 西壁画像

该图采自《中国画像石全集》第二册,图 2。

大约也是在西汉中晚期,画像石中表示地面祠堂的厅堂式建筑出现了另一种构图形式,这一点可以从出土于山东微山县山岛沟南村的西汉宣帝至元帝时期的画像石中看出。图 4 - 2 为石椁长板画像中的中格画面。该画面可分上下两层。上层画面刻单开间悬山顶房屋式建筑,前面敞开,也不设门扉,门外左右两边各有一冠形树木。从建筑样式来看,该建筑表现的仍然是地面祠堂,而在祠堂周围种植树木也是汉代常见的丧葬习俗。①祠堂内刻画的是宴饮六博图,表现的应是墓主正在进行宴飨的场景。下层画面从左至右可分三个部分。左边画面刻一人一马,中间画面由两根类似于立柱的粗壮线条将之与左右两边的画面分割开来,刻画的是三人抬着酒食拾阶而上的情景。右边画面刻二人拱手立。由于下层画面出现了两根类似于房屋立柱的粗壮线条以及连接上层祠堂的"阶梯",因而研究者大多认为上下层画面刻画的是一座单栋的二层楼阁建筑,其中位于下层画面的

---

① 《吕氏春秋·安死篇》:"世之为丘垄也,其高大若山,其树之若林。其设阙庭为宫室宾阼也若都邑。"参见《吕氏春秋》第 98 页,《诸子集成》第六册。汉代的祠堂通常建于墓地旁边,因而,画像石中,树木也常与祠堂画像相组合。

是楼阁的底层,而居于上层画面则是楼阁的上层。[①] 但我们发现这一推断并不符合实情。这是因为从上层画面的祠堂建筑、人物与树木所处的空间位置来看,三者皆处于同一平面,这就表明上层画面的建筑应处于地面之上。如若我们将下层画面的台阶视为通向上层楼阁的阶梯的话,那么楼阁的下层就应处于地面之下的空间,这显然是不符合常理的。既然如此,下层画面的台阶又具有何种意义呢?下层画面的构图方式为我们提供了可贵的线索。在下层画面的中格刻有两个器皿,其中离观者距离较近的是一个瓶器,而另一个离观者较远的则是坛器。两只器皿之间明显是远近的关系,但在构图形式上,画像设计者却将离观者较远的坛器刻画在画面的上方,而把离观者较近的瓶器刻画在了画面的下方,可见画像设计者是采用了以上下方位来表示远近关系的构图方式。如果按照相同的构图方式来考察画像中的建筑结构,那么建筑之间的空间位置关系便可得到合理的解释,也即上层画面表现的仍然是地面祠堂,下层画面离观者较近的空间表现的是祠堂前方的庭院,而所谓的"楼梯"便是连接庭院与祠堂的通道。对于这一推论,我们在出土于徐州铜山县汉王乡东沿村的画像石中得到进一步印证(图4-3)[②]。该画像同样分上下两层,上层画面表现的仍然是墓主接受生者祭拜的场景,画面中的厅堂式建筑也是地面祠堂建筑的象征。下层画面同样刻一"阶梯"通向上层的祠堂,但下层画面的右边刻的却是乐舞图。我们知道乐舞是供墓主欣赏的祭祀活动,它的表演场地应是

---

① 《中国画像石全集》第二册图56著文对画面作了这样的描述:"中格,楼房二层。楼上人物宴饮,六博游戏;楼下仆人抬壶、进酒食,正欲缘楼梯上楼;楼外左边一人一马,右边二人拱手立。"见"图版说明"第19页。

② 该画像石为东汉永平元年的作品。

在祠堂的周围。根据画像的构图方式，我们很容易判断乐舞图所在的位置并非祠堂的垂直下方，而是在祠堂的前方。因而，上下层画面之间的关系应是前后关系，也即祠堂与前方庭院的关系。从构图形式上来看，除了下层画面的题材内容有所不同外，该画像与出土于山东微山县山岛沟南村的画像在构图方法上几乎完全相同。因而我们可以认为，两幅画像的设计者皆采用了"上远下近"的构图方法来表现祠堂与前方庭院之间的关系。

图 4-2　山东微山县微山岛沟南村出土的汉画像石（局部）

该图采自《中国画像石全集》第二册，图 56。

事实上，在祠堂前方刻画侍者进献祭品以及乐舞表演的场景也是对汉代祠堂祭祀活动场景的模仿。蒋英炬先生曾对山东嘉祥县宋山 1 号小祠堂进行了复原，发现该祠堂前部的进出口高度仅 0.7 米左右①，而其余祠堂进出口也十分狭窄，可见祠堂内是不可能有足够的空间用于摆放祭品的，那么供奉祭品以及进献乐舞等祭祀活动便应在祠堂外的空间进行，这与画

① 蒋英炬：《汉代的小祠堂——嘉祥宋山汉画像石的建筑复原》，《考古》1983 年第 8 期。

图4-3 徐州铜山县汉王乡东沿村出土的东汉永平四年的画像石

该图采自《中国画像石全集》第四册，图1。

像所展现的内容是完全一致的。

可以看到，西汉中晚期的祠堂画像表现了早期画像石较为写实的艺术风格。画像中单开间的厅堂式建筑以及前方的庭院皆是对地面祠堂建筑及其周边环境的模仿，而画像所表现的内容也是对汉代祠堂祭祀活动的再现。因而，早期的祠堂画像较为真实地反映了西汉中晚期的丧葬习俗。而画像中祠堂建筑内的亡灵形象及其所展开的活动场景则表现出这一时期人们"视死如视生"与"灵魂不灭"的思想观念。

第二节 "前堂后室"式建筑图所展现的汉代死亡观念

西汉中晚期出现的"上远下近"的构图模式对后期祠堂画像产生了深远的影响。到了东汉早期，画像设计者开始大量地采用这种构图方法来处理建筑之间的空间位置关系。图4-4为出土于山东嘉祥县吴家庄的东汉早期的画像石。该画像分上下两层。下层为车马出行图。上层刻两层建筑。建筑下层与表示地面祠堂的厅堂式建筑相同，仍然是单开间的悬山顶房屋式建筑，前面敞开、无门扉。堂内刻侍者四人；楼下主人凭几而坐，身后一侍者，面前一跪者，另有三人躬身拜；楼外右侧一人求见，二人执戟守卫。整个画面刻画的是墓主接受生者祭拜的场景，因而下层建筑表现的应是地面的祠堂建筑。画面中的上层建筑重叠于下层的厅堂式建筑之上，建筑内刻有四位妇女正面端坐。许多研究者将画面中的上下层建筑视为一座单栋的二层楼阁。① 但值得注意的是，居于"上层楼阁"中的女主人身边的侍者却并未被安排在屋宇内部，而是被安排在了"楼阁"的外部空间，也即双阙的第一重檐与下层建筑的屋檐相衔接的地方，这就使左右两侧的侍者好似处于悬空的位置，显然不符合常理。不仅如此，两侧双阙的第二重檐也是由两个力士托起，这表明第二重檐并非实有的结构，而是一个虚构的部分。由此可见，上层建筑与下层建筑很可能不是上下层楼的关系。那么二者应该是什么关系呢？根据画像设计者惯常采用的"上远下近"的构图方法推断，我们认为二者应是"前堂后室"的关系。

这一结论在出土于山东曲阜市城关镇西颜林村的东汉中期的画像石中得到了进一步的印证（图4-5）。该图由四个独立的画面构成，其中左上格刻二层建筑，上层有三女性正面端坐，下层大门紧锁。建筑外有双阙，阙旁有迎候及卫卒四人。右上格刻拜谒场面，主人凭几而坐，身后有一侍者持便面而立，前二人持笏跪拜，二人持笏躬立。右下格，刻一树，树上

---

① 参见《中国画像石全集》第二册"图版说明"，第44页，图129著文："画面两层：上层，一楼二阙。……"

图 4 - 4 山东嘉祥县吴家庄出土的东汉早期的画像石

该图采自《中国画像石全集》第二册,图 129。

有鸟,树下一人张弓仰射,树下拴一马,旁边有空车一辆。由于画面中出现了常见的题材"车马出行图"与"祠主受祭图"[1],故不难推断,画面所表现的内容是祠主乘坐车马从地下来到地面祠堂接受生者祭拜的连续活动的场景。由于画面是按照地点的转换来安排场景的,可见整个画面采取了"连环画"式的叙事手法。从叙事的先后顺序来看,画面中的左下格应是叙事的起点,依次为右下格、右上格、左上格。其中左下格表现的是祠主乘坐着车马在地下运行的场景。右下格表现的是祠主已到达地面的祠堂,并将车马停靠在了祠堂周围的大树之下。右上格的画面表现的是祠主在接受生者的祭拜,由于画面的顶部刻有帷幔,故可以判断这一场景的发生地点是在祠堂建筑内。[2] 前面三格画面皆是东汉早中期画像石中常见的场景,但左上格的建筑样式及三位端坐的女性却是较为鲜见的组合方式。我们知道,这个画面的内容是围绕墓主的活动场景展开的,画面的右上格

---

① 此处沿用信立祥的说法。参见信立祥《汉代画像石综合研究》,第 102 页。

② 用帷幔象征室内是画像石中常见的表现手法。如出土于武氏祠前石室后壁的小龛后壁画像、出土于山东嘉祥县满硐乡宋山的东汉晚期画像石等。参见本书第二章图 2 - 2、图 2 - 5。

表现的是墓主在祠堂内接受生者祭拜的场景，那么画面的左上格所表现的就应是墓主在另一地点的活动场景。结合左上格中居于建筑上部的三位正面端坐的女性，我们认为，左上格画面所表现的应是墓主及其妻妾在后寝的生活场景，那么右格与左格中的建筑表示的便是墓主在地面活动的两个紧密相关的场所——前堂与后室。①

图 4 – 5　山东曲阜市城关镇西颜林村出土的汉画像石

该图采自《中国画像石全集》第二册，图 22。

考察左格图像的基本构成元素，我们发现该图与出土于山东嘉祥县吴家庄的画像石中的"上层楼阁"十分近似。二者皆有正面端坐的妇女，建筑前皆有紧锁的大门，表明这是家眷们居住的后寝。日本的长广敏雄在考察出土于山东嘉祥焦城村祠堂后壁的画像石时，也得出了相同的观点。他认为画像中的建筑并非二层楼阁图，而是"前堂后室"或是"前堂后寝"的关系。长广敏雄指出："由于不懂远近透视法及鸟瞰法，建筑前面（或门）与建筑被上下相叠地表现出来"，因此，"如果第二层画像是后殿，第

---

① 黄厚明也持相同的观点："中外学界长期以来一直热衷于探讨所谓'楼阁拜谒图'的图像学意义，并为此而争论不休。其实，这里的'楼阁'就是前堂后室（或前殿后寝）的布局形式。"参见《图像与观念——艺术考古前沿问题研究》，《民族艺术》2008 年第 4 期。

一层就是前殿,如果第二层是后室,则第一层就是前室"①。长广敏雄的这一观点是颇有见地的。事实上,这种"前堂后室"的建筑结构正是汉代最为常见的民居样式。在汉代人的日常生活中,前堂或前朝是人们处理公务或会见宾客的地方;而后寝或后室则是人们寝居休息的处所。②

"前堂后室"结构的建筑是后期汉画像石中祠堂建筑最为基本的表现形式。到了东汉中后期,墓主在"前堂后室"所展开的生活场景甚至在画像石中得到更为生动形象的体现。如在出土于山东嘉祥县满硐乡宋山的画像石是东汉晚期的作品。③该画像分为上下两层。下层为车马出行图,上层刻"前堂后室"建筑。其中前堂表现的墓主接受祭拜的传统题材。后室则展现丰富多彩的女眷生活场景:画面正中刻三位正面端坐的女子,其左右两边各有捧杯与持珠果的侍女数人,可见这三女子的身份地位突出,应是后室的女主人,即墓主的妻妾。画面的右侧有二女子相对而坐,左边一女子正在梳头,右边一女子手持一面镜子。此外,在右侧的楼阙与另一座建筑上层还有女子数人,有的行叩拜礼,有的持镜梳妆,等等。画面生动地展现了女眷们在后寝的生活细节。

通过以上分析可以看到,单开间的厅堂式建筑是对地面祠堂的模仿,而画像所表现的内容也是对汉代祠堂祭祀活动的再现,因而画像表现了鲜明的写实风格。但"前堂后室"结构的建筑与地面祠堂的形制却有较大的区别,它其实是对生者居室的模仿。当然,随着表现空间的拓展,相较于

---

① [日]长广敏雄:《武氏祠左石室第九石の画像について》,《东方学报》京都版第31册。
② 刘致平著,王其明增补:《中国居住建筑简史》,中国建筑工业出版社1990年版,第15页。
③ 参见《中国画像石全集》第二册,图105。

厅堂画像，围绕墓主所展开的生活场景在"前堂后室"中也得到了很大的丰富。这主要表现在，墓主除了在前堂接受生者的祭拜，享受生者供奉的各种宴饮娱乐外，还可以到后寝与妻妾们同处，享受舒适的家居生活。可以看到，这时的墓主已不再仅仅是作为生者的祭祀对象出现的，而是如同生人一般，有着自己的生活方式。因而从"厅堂式"建筑到"前堂后室"的建筑，祠堂画像的发展演变生动地反映了汉代人在生死观念上的变迁。这一时期，在汉代人的思想观念里，亡灵的生活状态已与生者没有区别，他们同样是在前堂处理事务，在后室与妻妾共处。

第三节　结构复杂的建筑群图所展现的汉代死亡观念

除了用厅堂式画像与"前堂后室"式画像来表现地面的祠堂建筑外，到了东汉中后期，画像石中还出现了用庞大的建筑群来表现地面祠堂建筑的构图形式。

出土于山东滕州市桑村镇的东汉晚期的画像石刻画了一个庞大的"楼阁"建筑群（图4-6）。该画像的整个画面可分为上中下三层。下层为传统的车马出行图。

第一层与第二层画面正中刻一"两重楼阁"。"楼阁"的上层刻一主人凭几端坐，左右有侍者数人。"楼阁"的下层又分为上下三排，上一排刻一列人物相向而坐，第二排刻数个妇女正面端坐，第三列刻一人正面端坐，左右各有侍者数人。在第一层画面中，"楼阁"建筑与左侧的水榭建筑相连，水榭之上有数人正在登梯，水榭之下有成群的鱼儿游动着。"楼

图 4 - 6 山东滕州市桑村镇西户口村出土的东汉晚期的画像石

该图采自《中国画像石全集》第二册,图220。

阁"的右侧又有"二重偏楼",每层上皆有人物正面端坐。"楼外"有一棵大树,树上刻羽人饲鸟图。在第二层画面中,"楼阁"建筑的左侧有一纺织房,屋内有一人正在纺车与织布机旁劳作。"楼阁"右侧为兵器库,里面悬挂着弓箭等兵器。兵器右侧有一人正拱手迎接前来的客人。

就整个画面而言,其构图方式与前面的画像并无大的区别,下层画面同样刻画的是车马出行图,而上层面画表现的也同样是地面祠堂建筑。但这个建筑却不再是一个简单的"前堂后室"式结构,而是一个既有主体建筑,又有水榭、"偏楼"、纺织房、兵器库等一系列附属建筑的建筑群。在这个庞大的建筑群中,不仅有身形硕大的墓主,还有众多的侍者、妻妾、访客等充斥其中。这些人物或接受侍者供奉,或观赏嬉戏鱼儿,或凭楼眺望,或相向而语。整个画面不仅展现了宴饮娱乐、迎宾送客的生活场景,还展现了家奴织布劳作的场景。可以看到,相较于前面的厅堂建筑与"楼阁"建筑而言,这幅画像中的建筑群与生者居住的深宅大院毫无区别,而且画像所表现的生活场景也与豪门贵族们的生活场景十分相似。

类似的构图还可见于出土于江苏徐州市贾汪区青山泉乡的白集祠堂东

壁的画像石中（图 4-7）。该画像自上而下分为七层。第一层刻东王公仙境图。第二层刻凤鸟云集图。第三层刻珍禽异兽图。第四、五、六层刻"楼阁图"：其中底层为"门楼"，前面设有微微开启的门扉，两边有门吏。门扉的左边有一列拜会人物。"二层楼阁"上有敞开的窗门，有三女子正面端坐；左边为轩房，有六人正面端坐；"三层楼阁"上有四人凭栏远望。第七层刻传统的车马出行图。

就整个画像的空间布局来看，车马出行图是处于地下的冥界，"楼阁图"表示的是地面的祠堂画像，是在地上的人界中，而东王公所处的空间则应是仙界。相较于前面的"二重楼阁图"，该"楼阁画像"显然更为复杂，不仅有"三重楼阁"，还增加了轩房。由于空间的扩大，"楼阁"中的人物也有所增加。

图 4-7　江苏徐州市贾汪区青山泉乡出土的白集祠堂东壁的画像石

参见《中国画像石全集》第四册，图88。

再如，在出土于江苏铜山县的画像石中（图 4-8），画面正中刻一"楼阁"。该"楼阁"由一根柱子多层斗拱支撑屋面。斗拱是我国建筑特有的一种结构。在立柱和横梁交接处，从柱顶上加的一层层探出成弓形的承重结构叫拱，拱与拱之间垫的方形木块叫斗，合称斗拱，也作枓拱、枓栱[①]。该"楼阁"的两旁由三层屋厦形成两坡式"楼梯"。整个"楼阁"占地面积大、屋宇众多。"楼下"为乐舞杂技表演，"楼上"有二人正在兴致高昂地玩六博游戏，其中右边一人挽着衣袖，左手高举，正要放下棋子。在"楼阁"两旁的每一格屋宇中皆有一人在观赏乐舞表演。

图 4 – 8　江苏铜山县出土的汉画像石

该图采自《中国画像石全集》第四册，图 55。

出土于江苏徐州市茅村的东汉熹平四年（公元 175 年）的画像石同样刻画了一个结构庞大的建筑群（图 4 – 9）。该画像为茅村汉墓中室南壁画像的第四层，其长约 58 厘米，宽约 29 厘米。画面从右到左可分为四组。第一组刻一大门双阙，该大门为四阿式屋顶，一斗二升楹柱支撑屋面。大门微启，两边各有一执戟守卫者。大门后有一对"阙楼"，"楼身"与"楼顶"以斗拱相连。画面的第二组刻一堂室，堂内有一华盖下的人物正

---

① 斗拱是我国古建筑中特有的形制，是较大建筑物的柱与屋顶间的过渡部分。它可以承受上部支出的屋檐，并将其重量集中到柱上，也可以将之先纳至额枋上再转到柱上。

在接受左边人物的跪拜。堂上有一层"楼阁","楼阁"上有四人相对而坐。画面的第三组为一组"楼阁",刻宾主在"楼阁"上层宴饮交谈,"楼阁"下层有侍者拾阶送食物,也有侍者喂马。画面的第四层主刻一厅堂式建筑。堂内祠主正在宴饮交谈,堂外为庖厨图,厅堂左边的门廊中,各有一侍者。

我们知道,双阙是墓地的标志,因而第一组中的大门表示的是墓室的大门。第二组的"楼阁"建筑表示的应是"前堂后室"式的祠堂建筑。其中下层"楼阁"刻画的是祠主受祭图,而"楼阁"上居住的人物正是祠主的妻妾。将第一组与第二组图结合来看,其图像学意义是祠主从墓室中出来,并来到地面祠堂接受生者的祭拜。第三组图中的"楼阁"建筑与西汉中晚期的"楼阁"建筑十分近似,下层表现的应是庭院,上层表现的应是祠主宴饮的居所。第四组图中的建筑也与第三组建筑相似,即下层表现的是庭院,人们在此忙于庖厨,上层乃是厅堂式建筑,祠主在此宴饮。厅堂左边为一些附属建筑,建筑内皆有侍者。可以看到,这幅画像刻画了一组屋宇众多、结构复杂的建筑群。在这个建筑群中,祠主在不同地点所展开的生活场景得到了生动的展现。

此外,用庞大的建筑群来表现祠堂建筑的画像还可见于出土于徐州睢宁县墓山的汉画像石①、征集于徐州睢宁县双沟的汉画像石②、出土于安徽宿县褚兰镇墓山孜的汉画像石③,等等。

---

① 参见《中国画像石全集》第四册,图118。
② 参见《中国画像石全集》第四册,图107。
③ 参见《中国画像石全集》第四册,图155。

图 4-9　江苏徐州市茅村出土的东汉熹平四年的画像石

该图采自《中国画像石全集》第四册，图32。

　　可以看到，在后期汉画像石中，祠堂画像开始由简单的"前堂后室"的"楼阁"建筑演变为建筑结构复杂、屋宇众多的建筑群。这些建筑群皆是对生居住的豪宅的模仿。由于建筑面积的扩大，画像内容也得到了丰富。"前堂后室"的建筑结构只能向我们展示祠主在前堂接受祭拜、后室寝居的简单生活，但复杂的"楼阁"图式则向我们展现了祠主及其家人宴飨娱乐、迎宾送客、相谈甚欢的生活场景。这些场景充满了世俗生活的乐趣。"楼阁"建筑群与豪门生活场景的出现反映了汉代人死亡观念的世俗化倾向。

　　除了用以表现"前堂后室"紧密相连的"楼阁图"外，汉画像石中还存在一些用以单独表现"前堂"或是"后室"的建筑图式。在这些建筑内部，画像同样展现了丰富的生活场景。

　　出土于山东诸城市前凉台村的画像石是东汉顺、桓帝时期的作品（图4-10）。该画像刻画了结构复杂的"前堂"建筑群。整个画面自上而下可分为两组。上组画面的上部已残损，但还可分辨出该处刻有一厅堂式建筑。堂中二人相对而坐，正在玩六博游戏。其右上残存二人下半身。右侧有二侍者正捧着食物向堂内走去。堂前一人执剑、一人执弩，正右向行。下组画面的上方刻一高堂，四周有回廊环绕。堂中有一老者右向坐，前有一人捧计簿对面坐。老者右手抬起，似在与对面人物谈话。堂前的院落中有13人环坐，皆手捧计簿。画像右上边题记残存"密都乡安持里孙琼字威石之郭藏"隶书14字。调查时，题记上尚有"汉故汉阳太守青州北海高"11字①。故堂中坐者当为汉阳郡属吏掾和史，院中为汉阳郡属县十三吏。

图4-10 山东省诸城市前凉台村出土的汉画像石

参见《中国画像石全集》第一册，图123。

不难判断，画像上部的厅堂式建筑表现的应是祠堂建筑，画面展现的是祠主在祠堂内宴饮娱乐的场景。画面下部的高堂以及回廊建筑应是祠堂建筑的附属部分，画面展现的是祠主与官吏处理政务的场景。我们知道，汉代人通常是在前堂宴饮及处理事务，在后室与妻妾寝居。因而从屋宇结构来看，画面中的厅堂式建筑与高堂及回廊建筑均应归为"前堂"部分。

前凉台墓的另一块画像石在构图模式上也具有相同的特征（图4-

———————

① 参见《中国画像石全集》第一册，"图版说明"，第40页。

11）。该画像分为上下两组。上组刻庑殿顶厅堂，堂中有一身形高大的人物正面端坐于三面有屏的榻上，榻前摆放着各种酒具。屏风外有五侍者，他们或捧棒、或执便面、或执拂尘、或拱手而立。榻前左一吏，右六吏，皆执笏向主人跪拜。堂前二人执笏拜谒，其左右二十四吏役分四列侍立，前二列吏役执棰，后二列吏役执棨戟，左侧二吏执笏跪，二侍者恭立，皆左向，右侧二吏执笏，二侍者右手前伸，皆左向立。下组，刻一座三层"楼阁"。其中"三楼"有六人踞坐，"二楼"有八人踞坐，"楼下"有十一人相对，均似在议事。"楼外"，左六人执笏右向立，右四人执笏左向立①。

不难判断，整个画像的上组画面刻画的应是汉画像石中常见的祠主受祭图，而下组画面刻画的则应是祠主在"楼阁"中与众人议事的场景。按照汉代人的起居习俗，画面中庑殿顶厅堂建筑与"楼阁"建筑也应属于"前堂"部分。

此外，徐州汉画像石艺术馆藏的汉画像石（《中国画像石全集》第四册，图53）、发现于徐州铜山县的汉画像石（《中国画像石全集》第四册，图55）等等皆具有相同的图像学意义。

通过以上分析可以看到，汉画像石中的"前堂"建筑已不再是由简单的厅堂式建筑或是"二重楼阁"式建筑构成，而是由多种式样不同的建筑组合而成。在这些建筑群中，祠主的生活场景也得到了更为丰富的展现：他们不仅可以接受生者的祭拜、享受宴饮娱乐，还可以处理各种社会事

---

① 参见《中国画像石全集》第一册"图版说明"，第41页。

图4-11 山东省诸城市前凉台村出土的汉画像石

该图采自《中国画像石全集》第一册，图124。

务。从这些图像可以看到，在汉代人的观念里，亡灵的生活方式与在世之人并没有太大的区别。

值得注意的是汉画像石中有一类建筑样式与祠堂建筑十分近似，它们多为"楼阁"式建筑或深宅大院式建筑，建筑内刻画的也大多是表现生活场景的画面，但与厅堂式或"楼阁"式建筑不同，这种建筑皆设有门扉。那么，这类建筑的图像学意义究竟是什么呢？

考察东汉中期处于过渡阶段的"楼阁"图像，我们可以得到一些启发。图4-12是出土于山东曲阜市城关镇西颜林村的东汉中期的画像石。

前文已述及，该画像上层右格画面刻画的是祠主接受生者祭拜的场景，而上层左格画面刻画的则是祠主的妻妾寝居的场景。因而上层右格的建筑应是"前堂"部分，而上层左格的建筑应是"后室"部分。从构图形式不难看到，"后室"与"前堂"建筑图式的一个重要区别是前者设有门扉，而后者则是敞开的。

图 4-12　山东曲阜市城关镇西颜林村出土的汉画像石

该图采自《中国画像石全集》第二册，图 22。

这一点也可从图 4-4 清楚看到。图 4-4 的整个画面分上下两层，上层刻"二重楼阁"图，下层刻车马出行图。前文已经述及，画面中的"二重楼阁"实际是"前堂后室"式建筑，即上层"楼阁"实际应是祠主及其妻妾居住的后室。画面中，上层"楼阁"的正中位置设一门扉将正面端坐的四个妇人两两分隔开来。而我们认为，设在此处的这一门扉也正是后室区别于前堂的标志。

这类建筑图式在画像石中并不在少数。图 4-13 为出土于江苏徐州睢宁县的画像石。该画像石原石两端已残损。画像作半圆形，中间刻一门楼，下层的大门半开，有侍者探出半个头来。"楼上"有三人凭栏而坐。"楼"两侧各有房屋三间，每间中皆有男女二人凭栏而坐。画像刻画的建筑应是"后室"建筑，整个画面表现的是男女主人燕居的场景。

图4－13　江苏徐州睢宁县双沟征集的汉画像石

该图采自《中国画像石全集》第四册，图108。

综上所述，我们可以看到，将"前堂"与"后室"独立出来的构图方式更为全面地展现了祠主的生活方式：前堂中，祠主不仅接受生者的祭拜与供奉，而且还要处理日常事务；后室中，祠主则可以享受到幸福美满的夫妻生活。《汉书·元后传》曾记载："后庭姬妾，各数十人，僮奴以千百数，罗钟磬，舞郑女，作倡优，狗马驰逐；大冶第室，起土山渐台，洞门高廊阁道，连属弥望。"① 这是对汉代贵族的豪宅生活的描述。从画像石所展现的祠主的居住环境与生活场景来看，亡灵的生活方式已与在世之人十分接近。

通过以上对鲁南、苏北、皖北、豫东一带汉画像石的分析可以看到，在汉画像石的发展史中，"祠堂建筑图"经过了一个发展演变的历程。西汉中晚期，祠堂建筑图主要表现为简单的厅堂式建筑，是对地面祠堂建筑的模仿；而到了东汉早中期，人们开始按照生者的居室样式来构建祠堂画像，这一时期的祠堂画像也由简单的厅堂式建筑而演变为"前堂后室"的楼阁建筑；到了东汉中晚期，表现祠堂画像的除了"二重楼阁"图外，还

---

①　班固：《汉书》，第4024页。

出现了模仿现实世界中豪宅的"多重楼阁"建筑图。汉画像石中祠堂建筑图的这一演变生动地展现了汉代人在生死观念上的变迁：早期的厅堂式建筑图反映了汉代人灵魂不灭的观念，中期的"楼阁"图则反映了汉代人希望死者如同生前一般享受家庭生活的愿望；而晚期复杂的"楼阁"图则反映了汉代人希望能在死后延续生前欲望的愿望。可以看到，汉代人在构建祠堂的亡灵生活时是积极而乐观的。在他们看来，死亡并不是生命的结束，它只是生活空间的转移。而亡灵不仅可以如生前一般享受到各种各样的世俗欢乐，而且还可以减少生前在世的诸多痛苦，甚至可以享受到比生前更为舒适奢华的生活。由此可见，汉代人所构建的冥灵世界是一个充满着世俗欲望的世界。而汉画像石所反映的这一特征与余英时先生通过传世文献所发现的汉代生死观念的特征是一致的。余英时先生曾指出：

> 另一种是人性化了的死后世界概念。死肯定是件恐怖之事，但是当它最终到来时，人们不得不作为不可避免的事实而接受它。但是，人们并非无所作为，即仍可通过各种途径将人世延伸到死后世界使自己得到安慰。无论哪种情况，时人执着于依恋此世的强烈感受的程度显得非常鲜明。①

余英时先生所揭示的汉代生死观念的世俗性特征与汉画像石图像艺术中所反映的特征是完全一致的。

---

① ［美］余英时：《东汉生死观》，第9页。

第五章

汉画像石中仙界图的构建与
汉代升仙思想的发展演变

——以鲁南、苏北、皖北、豫东一带的
汉画像石为例

升仙题材是汉画像石的重要题材。就鲁南、苏北、皖北、豫东一带汉画像石而言，从西汉中晚期到东汉晚期，仙界空间图式与仙界生活图式先后经历了一个发展演变的过程，这一过程生动地展现了汉代人升仙思想的变迁。

第一节　仙界空间的构建与汉代升仙思想的变迁

在鲁南、苏北、皖北、豫东一带汉画像石的整个发展史中，其仙界空间图式的发展大致经历了三个阶段：西汉中晚期、东汉早中期、东汉中晚期。下面，本书将分阶段讨论该地域各时期汉画像石仙界空间图式所具有的特征及其所反映的汉代升仙思想的变迁。

一　西汉中晚期的仙界空间图式所展现的升仙思想

西汉中晚期是画像石发展的初始阶段。这一时期，鲁南、苏北、皖北、豫东一带汉画像石在题材内容与构图形式上均表现出不稳定性与过渡性特征。相较于成熟期的汉画像石图像艺术（东汉中晚期），这一时期的"祠主受祭图"与"仙界图"似乎还未寻找到合适的艺术表现形式。

图5-1是出土于江苏省徐州市沛县栖山1号墓中的画像石①，该画像刻于一石椁东侧壁板的外壁之上。整个画面由多个题材组合而成。由于每个题材之间既不分层、格，也没有间距，故画像的图像学意义十分不易辨析。不过，根据后期画像石所反映的基本题材类型来看，可以将画面从左至右大致分为五组图，即第一组图为"楼阁图"，第二组图为"树木射鸟图"，第三组图为"乐舞图"，第四组图位于整幅画面最右端的上部，为"墓祭图"②，第五组图位于整幅画面最右端的下部，为"击剑图"。而我们关注的焦点则是位于最左面的第一组图像。该图像的内容为：右边刻"二层楼阁图"，"楼阁"后面有两棵树木，"楼阁上层"正中坐着一位戴胜的女性。"楼阁下层"有一只巨大的仙鸟，它口中衔着一物，正举足向前方的阶梯迈进。"楼阁"外右侧有两个人正在拥臼操杵捣药。捣药人的右上侧刻有一只三足鸟和一只九尾狐，下面是四个神怪，站在最前面的是人首蛇身的神怪，其后是一马首人身的神怪与一鸟首人身的神怪，最后一

---

①　信立祥：《汉代画像石综合研究》，第208页。

②　参见信立祥《汉代画像石综合研究》，第210页。

个是人的形象。这四个神怪均身佩长剑，拱揖向"楼阁"中的女性朝拜。我们知道，头上戴胜乃是西王母身份的重要标志①，而三足鸟、九尾狐与捣药场景也是西王母画像的常见组合，另有供奉西王母的人兽神怪侍者同样也是西王母画像的常见的附属物象（鲁南、苏北一带汉画像石中常见西王母身边有鸟首人身、兽首人身的神怪侍者）②。因而不难判断，该组画像表现的是以西王母为中心的神仙世界，反映的是长生不死的主题思想。而从"楼阁"外捣药人物所处的位置来看，其与"二层楼阁"应同处于地平面上，故可以推知，该画像的设计者乃是采取了以上下关系来表示前后关系的构图方式，而这也是汉画像石中"楼阁"建筑图的常见构图形式，即其所表示的应是厅堂式建筑与堂前的庭院。

图5-1　江苏省徐州市沛县栖山出土的1号墓中的汉画像石

该图采自《中国画像石全集》第四册，图4。

---

① 据《山海经·西山经》载："又西三百五十里，曰玉山，是西王母所居也。西王母其状如人，豹尾虎齿而善啸，蓬发戴胜，是司天之厉及五残。"又据《山海经·海内北经》载："西王母梯几而戴胜杖，其南有三青鸟，为西王母取食。在昆仑虚北。"《山海经·大荒西经》载："有人戴胜，虎齿，有豹尾，穴处，名曰西王母。"《山海经校注》，袁珂校注，巴蜀书社1993年版，第58、358、466页。

② 如在出土于徐州汉王乡的东汉元和三年的画像石中，西王母身边的侍者就是牛首人身和鸟兽人身的神怪。参见徐州博物馆《徐州发现东汉元和三年画像石》，《文物》1990年第9期。

据发掘简报推断，该画像形成的年代应是在王莽时期①，而信立祥先生则认为其应是东汉初年的作品。他指出：

在迄今发现的大量汉代西王母画像中，坐在仙阁上的西王母图像是仅见的一幅，特别是仙阁外的半动物形神怪为晚期西王母图像所不见，说明这是最早的西王母图像之一②。

但事实上，在山东地区出土的西汉中晚期的画像石中还存在着与上幅画像十分近似的构图。

图5-2是出土于山东微山县的西汉宣帝至元帝时期的画像石。该画像刻于石椁墓的其中一侧长壁。整个画面分为三格，左格刻一厅堂。厅堂两旁有两棵枝干弯曲的桃形冠树木。堂内正中有一妇人凭几而坐，两旁各有侍者一人。堂前有五神怪，前一个为鸟首人身者，第二个为马首人身者，后面两个为人首蛇身者，最后一个为人的形象。可以看到，该画像中的厅堂式建筑与图5-1中的厅堂式建筑并无不同，而厅堂内妇女的坐姿与装束也与图5-1中的西王母形象极为相近，不仅如此，该画像中厅堂外的神怪形象也与图5-1中"楼阁"外拱揖的神怪十分近似，因而可以推知，该画像应与图5-1具有相同的图像学意义，即其表现的同样是以西王母为中心的神仙世界。但值得注意的是，就图5-1西王母"楼阁图"

---

① 徐州市博物馆、沛县文化馆：《江苏沛县栖山汉画像石墓清理简报》，《考古学集刊》第二集，1982年。
② 信立祥：《汉代画像石综合研究》，第210页。

的右侧画面来看，其图像内容为树木射鸟图及乐舞图，而图5-2西王母"楼阁图"的右侧画面依次是车马出行图和狩猎图。前文已经述及，在早期的石椁墓画像石中，祠主受祭图、车马出行图、狩猎图、树木射鸟图、乐舞图乃是常见的组合形式，而早期汉画像石的祠堂建筑样式也正是厅堂式建筑，因而从这些构图要素来看，图5-1、图5-2中的西王母"楼阁图"似乎更应该是"祠主受祭图"。那么这种特殊的构图又具有怎样的意义呢？我们认为，图5-1、图5-2中出现的这两种构图特殊的西王母"楼阁图"正体现了"祠主受祭图"与"仙界图"在发展过程中的过渡性特征。对于这一点，我们可以从出土于微山县的西汉宣帝至元帝时期画像石中的另两处画像（图5-3、图5-4）中清楚看到。

图5-2　山东微山县微山岛出土的西汉宣帝至元帝时期的画像石

该图采自《中国画像石全集》第二册，图54。

图5-3　山东微山县微山岛沟南村出土的西汉宣帝至元帝时期的画像石

该图采自《中国画像石全集》第二册，图56。

图5-4　山东微山县微山岛沟南村出土的西汉宣帝至元帝时期的画像石

该图采自《中国画像石全集》第二册，图59。

图5-3中格为"楼阁"画像。"楼上"刻人物宴饮、六博游戏图，"楼外"两侍者躬立。"楼下"刻仆人抬壶、进酒食，正欲拾阶而上；"楼外"左边一人一马，右边二人拱手立。从"上层楼阁"外两侧树木与侍者所处的位置来看，该层建筑应处于地平面上，即为单开间的厅堂式建筑。再结合"楼下"的喂马场景等可以推知，所谓的"下层楼阁"实际上应是厅堂式建筑前面的庭院。可见，该画像设计者同样采取了以上下关系表示前后关系的构图形式。而就构图形式与建筑样式来看，该图与图5-2之间的继承关系是十分明显的。但值得注意的是，两幅图中厅堂式建筑内的场景却有明显的差异。图5-3的厅堂式建筑内刻画的是宴饮与六博游戏图，而这一场景乃是汉画像石中常见的用于表现墓主人生活的基本题材，因而该厅堂内的主人应是墓主。但前文已经分析到，图5-2中厅堂式建筑内容的主人公却是西王母。那么，两幅构图究竟存在着怎样的关联呢？

出土于微山县的另一处"楼阁建筑图"图5-4将图5-2与图5-3之间的关联性表现得更为明确。该幅"楼阁建筑图"刻于长形椁板三格中的右格。"上层楼阁"内坐着一人正在宴饮，旁边有侍者进馔，"楼外"

有两人守卫。"下层楼阁"正中刻一门，门内二人握双齿叉，门外左一人扶杖，一童踞；右边一鸟首人身者和一兽首人身者相对而坐。不难看到，该图中"上层楼阁"建筑与图5-3的厅堂式建筑在构图形式上几乎完全相同，因而此处所谓的"上层楼阁"实际也是地面的厅堂式建筑，而建筑内同样刻画的是墓主宴饮的场景，故该图所谓的"下层楼阁"表现的也应是厅堂式建筑前面的庭院。但与图5-3不同的是，庭院的守卫者却有一鸟首人身者和一兽首人身者，而从图5-1、图5-2来看，这两个神怪则应是侍奉在西王母身边的侍者。

　　对比图5-1、图5-2、图5-3、图5-4可以看到，这一时期汉画像石中厅堂式建筑内的主人及其侍者出现了新的元素。而通过前文对"祠主受祭图"的分析可知，厅堂式建筑与墓主人乃是汉画像石中比较固定的图像组合，而西王母则是这一时期汉画像石中新出现的人物形象。由此可以推知，这一时期，汉画像设计者还未寻找到表现西王母空间位置的合适构图。换句话说，这一时期，汉画像石中以西王母为中心的空间图式尚处于过渡阶段。

　　事实上，比较山东地区东汉之时的"楼阁建筑图"，就会发现图5-3中的"楼阁建筑"乃是后期"祠堂建筑"的早期形态。如出土于山东嘉祥县城东北五老洼的画像石是东汉早期的作品（图5-5）。该画像刻画了"二层楼阁图"。"楼上"四人端坐，"楼下"一人亦正面坐；"楼外"有拜见者一人，侍者一人；"楼左"大树一棵，树下停一车、一马。"楼阁"下层端坐的应是墓主人，"楼阁"左侧树下停靠的马与车是指墓主乘坐车骑来到地面祠堂接受生者的祭拜。前文已经述及，该画像石中所谓的"楼阁建筑"乃是

前堂后室的关系，其所表示的应是地面的祠堂建筑。不难看到，"楼阁下层
建筑"的样式与图5－3、图5－4的厅堂式建筑并无区别，而图5－5"楼
阁"左侧的车马图即是图5－3"楼阁下层"右侧的车马图。由此可见，东
汉时期的"楼阁"祠堂建筑应与西汉晚期的"楼阁建筑图"即图5－3、图
5－4中"楼阁建筑图"有着一脉相承之处。

图5－5　山东嘉祥县城东北五老洼出土的汉画像石

该图采自《中国画像石全集》第二册，图142。

　　结合前文对东汉时期"祠堂建筑图"的分析可以看到，西汉中晚期出
现的西王母"楼阁图"并没有在后期汉画像石中得到继续的发展，而是为
东汉时期的"祠堂楼阁图"所取代，故该画像只能被视作为"祠堂楼阁
图"发展过程中的一个过渡形式。但值得注意的是，西汉中晚期画像石中
出现的西王母"楼阁图"则向我们展现了这一时期以西王母为核心的神仙
信仰已在人们的思想观念里形成，但对于西王母所处的空间位置及其生活
方式，人们却还未形成清晰的认识。

二　东汉早中期的仙界空间图式所展现的升仙思想

东汉早期，西王母及其周围的成员开始被配置在画像的最高层，如出土于嘉祥县的东汉早期的画像石则显示了这种新的特征（图 5 - 6）。该画像的整个画面分为三层。上层：戴胜的西王母凭几而坐，身旁左右各一持仙草侍者；右又有立姿蟾蜍、双手各持一剑；有鸟首人身者持笏版跪坐；下有二玉兔捣药、调药。另有身佩长剑的九尾狐蹲立。

图 5 - 6　山东嘉祥县城东北洪山村出土的东汉早期的画像石

该图采自《中国画像石全集》第二册，图 94。

事实上，在东汉早期将西王母安排在整个画面上层的图像并不在少数，如出土于山东嘉祥县纸坊镇敬老院的东汉早期的画像石也是其中一例（参见第二章图 2 - 27）。该画像的整个画面共分五层。最高层刻：西王母端坐于正中位置，左边有四个侍者，他们或持仙草、或执笏。西王母右边第一个为手持仙草的侍者，其后为手持笏板的侍者，侍者后面有一只九尾狐和一只大鸟。这些人物及异兽皆朝向西王母。这说明，以西王母为中心的信仰已经形成。

再如，出土于山东嘉祥县城南嘉祥村的东汉早期的画像石也为我们展现了丰富的西王母世界（图5-7）。

图5-7　山东嘉祥县城南嘉祥村出土的汉画像石

该图采自《中国画像石全集》第二册，图125。

该画像的整个画面自上而下分为五层。最上层，西王母坐在一高台上，高台底部有二分之一位于画面的第二层。西王母左右两侧为手持仙草的侍者，左边还有一披发立者也手持仙草，其身后有两只鸡首人身者也手持仙草跪拜于地。这些人物与神怪也一律朝向西王母。在第二层画像的中心位置，上部为西王母的坐台，坐台之下为二玉兔捣药。玉兔左侧为神鸟拉云车，车内坐着一人。车前一仙人披长发骑兔执幡；玉兔右侧为二两头共身的怪兽，兽背上有仙人吹竽，双头兽右边为一长发仙人手牵一只三足鸟与一只九尾狐。这些人物、神怪、仙人也皆朝向西王母的坐台。画像的第三层、第四层为传统的墓主出行图。结合第二层车骑出行图来看，画面中墓主出行的方向是前往仙界祭拜西王母的。

从以上图像可以看到，在东汉早期的画像石中，以西王母为中心的仙界空间已经被定格在了整幅画像的最上部。

值得注意的是，同样是在东汉早期的画像石中，除了这种将以西王母为中心的神仙世界配置于整个画像最上部的构图外，汉画像石中还存在着另外一种常见的构图方式。

图5-8为出土于山东嘉祥县城东北五老洼的东汉早期的画像石。整幅画像自上而下分为四层。最上层为风伯图：左边有一单开间悬山顶式房屋建筑，屋顶已被左边吹来的风掀起，房屋的一个柱子已被吹得折断。屋内有二人，被风吹得站立不稳。屋外右侧有一身形壮硕的人物正在向房屋吹风，此人应为风伯。其后有一人持弓紧随。

相同的构图方式还可见于出土于嘉祥县的东汉早期的画像石中（图5-9）。整个画像分为三层。最上层，为风伯图：画面左侧有一顶盖掀起、柱子折断的房屋，屋内有二人，头发被吹得散乱，屋外右侧有一人站立。房屋右边不远处，有一人蹲立，当为风伯，他正使足力气向房屋吹气，风伯前面的气形成了喇叭形状的气流，似有一人从气流中飞出，直向房屋飞奔而去。风伯后面也有两身长双翼的羽人向左侧飞奔而去。

此外，出土于山东嘉祥县刘村洪福院的东汉早期的画像石也体现了相似的构图特征。①

---

① 参见《中国画像石全集》第二册，图122。

图 5 – 8　山东嘉祥县城东北五老洼出土的东汉早期的画像石

该图采自《中国画像石全集》第二册，图 138。

图 5 – 9　山东嘉祥县城东北五老洼出土的东汉早期的画像石

该图采自《中国画像石全集》第二册，图 140。

可以看到，在东汉早期的画像石中，风伯图是被配置于整幅画面的最上层的。但值得注意的是，这种图像配置方式却并不是一种稳定的构图。从后期汉画像石来看，这种配置于图像最上层的风伯图被西王母图或是东王公图所取代，换句话说，这一层的空间位置最终是被定格成了仙界空间。那么需要进一步追问的是，居于这一位置的风伯究竟属于神系还是仙系呢？信立祥先生认为，"在当时人的观念中，风伯并不是居住在仙山上的仙人，而是天上世界掌管风的自然神。将风伯图像配置在祠堂东壁，是因为在古代信仰中，风伯亦称风师是东方之神"。在此基础上，信立祥先生进而指出，"西王母是居住在昆仑山上的女仙，而风伯是天上世界的自然神，二者是品格截然不同的存在。将神与仙相对应，显然与信仰相悖"①。当然，信立祥先生的说法也并非没有根据。在上古时期，许多文献均将风伯视为天界的自然神——箕星。如《尚书·洪范》：

"庶民惟星，星有好风，星有好雨。"孔传："箕星好风，毕星好雨。"②

《周礼·大宗伯》：

"以槱燎祀司中、司命、风师、雨师。""郑注：风师，箕也。雨师，毕也。"③贾疏《春秋纬》云："'月离于箕，风扬沙。'故知风师

---

① 信立祥：《汉代画像石综合研究》，第156页。
② 《尚书正义》，《十三经注疏》，北京大学出版社1999年版，第322页。
③ 《周礼注疏》，《十三经注疏》，北京大学出版社1999年版，第451页。

箕也"①。

据传世文献记载，能够兴风的箕星也即风伯应是属于神界的成员。但在东汉早期的画像石中，这种将风伯图安排在本应属于仙界空间位置的构图，是否有悖于传统的神与仙的信仰呢？事实上，关于风伯的信仰本就存在着不同的说法。一说是认为风伯便是神界的箕星，而另一说则认为风伯乃是引魂升天的使者——飞廉。如《楚辞·离骚》云：

"前望舒使先驱兮，后飞廉使奔属。"王逸注曰："飞廉，风伯也"②。

《淮南子·俶真训》说：

"骑蜚廉而从敦圉。"东汉高诱注："蜚廉兽名，长毛有翼"。

又说：

"骑蜚廉驰于外方，休乎宇内"。③

---

① 《周礼注疏》，《十三经注疏》，北京大学出版社 1999 年版，第 452 页。
② 《淮南子》，《诸子集成》七册，第 27 页。
③ 朱熹：《楚辞集注》，上海古籍出版社、安徽教育出版社 2001 年版，第 33 页。

可见，这种长毛有翼的神禽可以带领人们飞升入天界。这一观念也可在先秦时期楚地流行的引魂升天仪式中看到。战国时期，楚人常在墓葬中放置飞鸟漆器和各种图绘物，而楚墓中放置较多的是一种"虎座飞鸟"。郭德伟认为这种虎座飞鸟就是古代的风神飞廉，将其"放在墓里，大概是伴随墓主的灵魂上天的。正如屈原遨游太空由飞廉来启路做先驱一样"[1]。可见，在人们的观念里，飞廉是可以起到导引升天的作用的。结合东汉早期画像石来看，画面中风伯之后往往刻有带翼的羽人以及带钩的人物。前者是仙界的成员，而后者则是帮助升仙的术士形象。这些图像组合皆表明了风伯图实际就是升仙图，而画像中的风伯也不是神界的成员，而是仙界的使者。通过以上分析，我们得出结论认为，东汉早期画像石中被刻画在画面最上层的风伯图同样象征了仙界空间。

在东汉早期的画像石中，风伯图与西王母图具有同样的地位，这一点可以从孝堂山祠堂画像石东西两壁的画像中看到（参见第三章图3－10、图3－11）。石祠东壁的画像（参见第三章图3－10）自上而下分为六组。第一组为山墙的锐顶部分，居于整个画面的最高位。在这一层画像的正中刻画了一单开间悬山顶式房屋建筑，屋内居二人。整个屋顶已经被狂风掀起，左边是一身形壮硕的力士双手持管状物跨步向房屋吹风，此人正是风伯。风伯身后为雷公乘连鼓车击鼓行进，雷车后又有头顶盆钵之物的雨师相随。房屋的上部为持矩的伏羲，右边则为人物拜会图。就整个画面图像配置与空间安排来看，画面的中心应是风伯拔屋图。石祠西壁的画像（参

---

① 郭德伟：《楚墓出土虎座飞鸟初释》，《江汉论坛》1980 年第 5 期。

见第三章图 3 - 11）自上而下分为六组。第一组为山墙的锐顶部分。这一空间的正中刻西王母端坐于座台之上。西王母左右两侧有兽首人身侍者若干。上面行走着贯胸人，贯胸人上面刻执规的女娲及灵异仙人。

东汉早期画像设计者对西王母图像与风伯图像的构建表明，这一时期汉代人的升仙思想已十分流行。而二者被固定于画面的最上层空间，则说明了仙界的空间观念在人们的头脑中已逐步清晰与定格。但风伯图与西王母图的同时存在又说明，在东汉早期，西王母信仰还没有取得神仙信仰的独尊地位。

三　东汉中晚期的仙界空间图式所展现的升仙思想

大约在东汉中期，东王公的画像被创造出来。在东汉中晚期的画像石中，我们可以看到居于画面最上层的图像几乎无一例外地由以西王母与东王公为中心的神仙世界构成。如出土于山东嘉祥县武宅山村的武梁祠画像石为东汉中晚期的作品。

在武梁祠的东西两壁之上刻画了西王母与东王公的神仙世界。其东壁的画像自上而下共分五层（图 5 - 10）。第一层为山墙的锐顶部分。这一层的中心位置刻画的是一正面端坐的东王公，东王公左右两侧各有一羽人侍奉，羽人后各有一双头兽身神怪，后有羽人飞翔。武梁祠西壁画像也分为五层（图 5 - 11）。第一层为山墙的锐顶部分。这一层的中心位置刻画的是正面端坐的西王母，西王母身边围绕许多侍奉的羽人，羽人后右侧有二玉兔捣药，左侧有一人首鸟身者。

东汉中后期，将以西王母、东王公为中心的神仙世界配置于祠堂东西壁画像的最上层，已经成为一种固定的构图方式。如出土于山东嘉祥县的

图 5－10　武梁祠东壁画像

该图采自《中国画像石全集》第一册，图 50。

图 5－11　武梁祠西壁画像

该图采自《中国画像石全集》第一册，图 49。

宋山小石祠画像石为东汉桓、灵二帝时期的作品。就石祠东壁画像来看（参见第三章图3-18），整个画面自上而下分为四层。第一层，中间刻东王公端坐于榻上，左右两侧有羽人侍奉，左端有一人首鸟身者执笏右向立，上面卷云缭绕。石祠的西壁画像①同样分为四层。第一层的正中刻西王母端坐于榻上，两侧有羽人执三珠果等侍奉，左边有玉兔、蟾蜍捣药，上方为卷云纹。此外，相同的构图还可见于武氏祠前石室东西壁上石画像石②、武氏祠左石室东西壁上石画像石③、出土于山东嘉祥县满硐乡宋山的汉画像石④、出土于山东嘉祥县城南南武山的汉画像石⑤、出土于山东滕州市桑村镇西户口村的汉画像石⑥，等等。

在东汉中晚期的画像石中，这种将仙界空间固定于画面上部的构图模式表明汉代人已明确了仙界的空间方位；而将西王母、东王公配置在仙界的中心位置，则表明汉代人已形成了以西王母、东王公为中心的神仙信仰。

第二节　仙界生活的构建与汉代升仙思想的变迁

画像设计者对仙界生活的构建是伴随着对仙界空间的构建而展开的。在西汉晚期，画像石所展现的仙界生活主要是由一两个简单的场景构成。

---

① 参见《中国画像石全集》第一册，图91。
② 参见《中国画像石全集》第一册，图55、57。
③ 参见《中国画像石全集》第一册，图74、76。
④ 参见《中国画像石全集》第二册，图95、96、97、98、99、100。
⑤ 参见《中国画像石全集》第二册，图133、134。
⑥ 参见《中国画像石全集》第二册，图222、229。

如西王母居于厅堂式建筑的正中位置，西王母身边围绕着各种供奉她的神怪与灵异，厅堂式建筑外的捣药场景等。而汉画像石中这些极为简单的仙界生活场景则表明了人们对于仙界生活状态的认识还处于十分模糊的状态。但这一时期汉画像石所展现的仙界生活场景却奠定了后期画像石中仙界生活的基本模式。

到了东汉早中期，随着升仙思想的发展，汉画像石中的仙界生活有了一些新的变化。画面显示，居于仙界空间的西王母开始接受来自下界空间成员的供奉。

出土于山东嘉祥县城南嘉祥村的画像石是东汉早期的作品（参见本章图5-7）。整个画面分为五层。最上层，西王母正面端坐于台上，台的下部已嵌入第二层中，西王母左右两侧各有一跽献仙草者，左边另有一披发者也持仙草，其后为两鸡首人身的神怪亦持仙草向西王母跪拜。第二层，右边为飞鸟拉云车，车中坐一人，当为墓主。车前一仙人骑兔举幡。西王母的坐榻下有二玉兔捣药，右边为双头共身的神怪，其后为长发仙人手牵三足鸟和九尾狐。

从题材内容与组成成员来看，画面的第一层与第二层均属仙界空间。但画面显示仙界空间已不再与下界空间隔绝，墓主乘坐仙车来到仙界表明仙界掌管并处理着下界成员的长生与升仙等事务。

东汉中晚期，升仙思想愈演愈烈并逐渐上升为社会普遍流行的信仰。在这一时期的汉画像石中，肃穆庄严的仙界生活开始变得越来越生趣盎然，越来越多的来自世俗生活的娱乐方式出现于其中，仙界成为汉画像石中最具艺术表现力的空间。如出土于山东安丘市董家庄的墓室画像石就生动地展现了丰富多彩的仙界生活。安丘汉墓是东汉晚期的一座大型石墓。整座石墓由甬道、墓门、前室、中室、后室等组成。其中，后室由立柱、隔梁分为东西两间，西后室北壁向后设一小室，中室东侧室附一耳室。甬道为券顶，前、中、后室均为覆斗式顶，两耳室为平顶①。整个墓室内除甬道和耳室外，余皆刻满了画像。在这些画像中，除了墓前室西壁画像、墓前室东壁上石画像、墓中室西壁画像、墓中室南壁横额左右两段画像、墓中室北壁西端立石画像以及几个立柱上的画像等不属于仙界题材之外，其余部分的画像几乎都是围绕仙界题材展开的。其中墓中室室顶北坡西段画像、墓后室东间东壁画像、墓后室西间西壁画像等则集中刻画了生趣盎然的仙界生活场景。

图 5-12 为墓中室室顶北坡西段画像。画面上边、左边饰卷云纹、水波纹、垂幛纹和锯齿纹，下边无卷云纹，但有双菱纹。画像左上方二人踏鼓对舞，左者执便面，挥长巾；其左二人坐观，右三人坐于席上击铙、鼓伴奏。乐舞者下二羽人玩六博，四羽人围观；其左一跪者执物向一侧立者进奉，另一羽人作舞；其右二人捧物左向跪，一骑者及二吹管、荷殳步卒左向行。右下边二翼兽衔鱼及一仙人戏翼兽左向行，其后一兽、一鸟及一人执笏左向跪。右边一人手托十字形大橦，二童沿竿而上，六童在橦竿上表演倒立、倒挂，橦顶方板上一童倒立；其右侧一人表演飞剑掷丸，一人倒立，六人坐观，并有一羽人右向行；右下二翼虎左向行。②

---

① 参见蒋英炬、吴文祺《山东的汉画像石艺术——概述山东汉代石阙、祠堂、墓室的代表性画像》，《中国画像石全集》第一册（前言），第 46—47 页。

② 参见《中国画像石全集》第一册"图版说明"，第 50 页。

图 5 - 12　山东安丘汉墓中室室顶北坡西段画像

该图采自《中国画像石全集》第一册，图 150。

　　该图主要展现了四个不同的生活场景，包括乐舞图、六博图、都卢寻橦图与跳丸剑图。整个画面展现了人仙和谐相处的画面，表现出浓郁的生活气息。我们知道，乐舞、六博、都卢寻橦以及跳丸剑皆是世俗之人的娱乐活动，而画像设计者却将之植入仙界之中，并使之成为仙界的一种生活方式。这一现象表明，在汉代人的神仙信仰里，仙界已成为一个可以延续世俗享受的空间。而生活于这个空间的成员，则不仅可以摆脱人世的悲苦与不幸，还可以享受到与在世之人相同的娱乐生活。

　　图 5 - 13 为安丘汉墓后室东间东壁画像。画面上边饰双菱纹、水波纹、垂幛纹和锯齿纹，边饰外刻一列奇禽异兽、玄武及卷云。下边边饰同上边，唯无双菱纹，边饰外刻一列奇禽异兽。右边上部边饰同上边，外刻卷云纹，下部无双菱纹，但有陶纹，边外刻三翼虎。画像上下分两层。层间饰勾连卷云纹。上层，刻一列朱雀、翼龙、翼虎、翼羊、蟾蜍、龟、鱼等。下层，左刻二蟾蜍执械格斗、一仙人戏虎和五朱雀、一飞鸟、三异

兽、一野猪。中间刻仙人戏虎、仙人戏鹿，其周围有朱雀和一马立于平台
上，其间一柱，一蛇盘柱身，一兽立柱顶，另有枭、鸟站立。右端一树、
一兽、四飞鸟①。

图5－13　山东安丘汉墓后室东间东壁画像

该图采自《中国画像石全集》第一册，图154。

　　通常而言，在一座墓室画像石中，位于东西壁的画像一般会涉及历史
故事或是祭祀墓主的内容。如宋山小石祠东壁画像（参见第三章）可分四
层：第一层以东王公中心的仙界图；第二层为乐舞百戏图；第三层为庖厨
图；第四层为车骑出行图。其中第二层与第三层表现的均应是地面祠堂祭
祀墓主的场景。再如，武梁祠东壁画像也为其中一例（参见图5－10）。
其画面可分五层。第一层为以东王公为中心的仙界图，第二层为列女故
事，第三层为孝义故事，第四层为历史故事，第五层为庖厨图。可以看
到，居于东壁的画像是以人界画面居多，仙界画面为少。但安丘汉墓后室
东间东壁画像则完全没有表现人界的题材，整个画像刻画了一个仙人、翼

---

① 参见《中国画像石全集》第一册"图版说明"，第51页。

兽密布的神仙世界。在这个神仙世界中，除了分布着一些仙界的成员外（翼龙、翼虎、翼羊、蟾蜍、羽人），还可以看到蟾蜍执械格斗、仙人戏虎、仙人戏鹿等游戏活动。

执械格斗也是乐舞百戏中的一种，它是常见的在世之人的娱乐方式。萧亢达先生曾说：

> 汉代杂舞中，也有手执兵器的乐舞。其中《巴渝舞》便是汉代兴起的一种执兵器而舞的舞蹈。（《乐府诗集》卷五十三）①

汉代画像石中也有展现人物持械格斗的图像，如出土于山东金乡县城东香城堌堆的汉画像石即为其中一例②。该画面分为三格：左格刻二武士，一持剑，另一持长矛对练。中格，璧纹。右格，一武士立中央，挽袖瞪目，左右各一执长矛者。其中左格的画像便是持械格斗图。由于该画像石为西汉元帝至平帝时期的作品，这一时期，画像石还未形成仙界空间，故可以推断，图中的持械格斗乃是世俗之人的娱乐活动，并不是仙界的生活场景。而安丘汉墓后室东间东壁的画像则显示出，来自世俗生活中的持械格斗已转化成了仙界成员——蟾蜍的娱乐活动。

此外，戏兽也是汉代百戏中的一种。这类画像也是汉代画像石中比较常见的题材。如四川新都出土的"戏鹿"画像砖，图中一人骑在鹿背之

---

① 萧亢达：《汉代乐舞百戏艺术研究》，第 241 页。
② 参见《中国画像石全集》第二册，图 28。

上，前有一女子右手持花，左手持铃戏于鹿前①。在安丘汉墓后室东间东壁的画像中，我们同样可以看到，画像设计者已将世俗的戏兽表演转化为了仙人戏兽的场景。

安丘汉墓中出现的这种世俗娱乐方式成为仙界生活方式的现象说明，在这一时期的汉代人的观念里，仙界生活已出现了明显的世俗化倾向。

安丘汉墓后室西间西壁画像也展现了一个生趣盎然的仙界生活场景（图5－14）。该画面分为上下两层。上层，中部群山掩映，虎、鹿、雀等飞禽走兽出没于山间。左边刻虎、鹿、犬、猪等飞奔的群兽以及数个羽人、鱼、鸟。右边刻猎人执弩牵犬，荷竿骑马追逐鹿、兔等走兽；猎人的右侧有一大树，有鸟栖息于枝叶之间，树下系一马，另有一筐，一犬，一凤鸟蹲坐，树左上方一人正在持弓射鸟，树右二人左向行。下层刻八只翼虎、一头翼象、两条鱼、一只兔，还有二戏虎的羽人。

图5－14　山东安丘汉墓后室西间西壁画像

该图采自《中国画像石全集》第一册，图160

---

① 萧亢达：《汉代乐舞百戏艺术研究》，第314页。

整个画面下层所描绘的显然是仙界的生活场景。画面不仅刻画了翼兽、羽人等仙界的成员，还刻画了羽人与翼兽互相嬉戏的场景。画面的上层包含两个部分，其中左边为狩猎图，右边则为射鸟图。狩猎图是汉画像石中的传统题材，如出土于山东微山县两城镇的画像石即为其中一例。该画像分为上下两层。上层：刻猎人一列，有执竿者四人，荷弩者三人，驾鹰者三人；另有猎犬四只，其中前二犬已跃起捕捉到鹿、兔。下层刻车骑出行图①。汉画像石中，狩猎图往往是作为一种独立题材而出现的，很可能是对上古岩画题材的继承，即表现的是一种巫术活动。当然，狩猎活动也是汉代人日常生活的重要内容，因而在这种意义上，汉画像石中的狩猎图也可视为是对现实生活场景的描绘。但与传统构图不同的是，在安丘汉墓后室西间西壁画像中的狩猎图中出现了新的成员——羽人，而这一成员的加入则使狩猎图也出现了仙化的特征。加之该画像的下层表现的是神仙世界的场景，那么极有可能的是，画像设计者也将狩猎图与射鸟图植入了仙界生活之中。

一言以蔽之，安丘汉墓的画像设计者围绕仙界生活展开了丰富奇特的想象。他们将仙界生活描绘的丰富多彩、充满生趣，使庄严肃穆的仙界表现出浓烈的人性化与世俗化的特征。仙界已不仅仅是一个可以获得长生不死的空间，还是一个可以享受到世俗生活的美好居所。

通过以上分析可以看到，在汉代升仙思想的影响下，画像设计者一直致力于对仙界生活的构建：西汉中晚期，画像设计者确立了以西王母为中

---

① 参见《中国画像石全集》第二册，图49。

心的神仙世界，并奠定了神仙世界的基本生活模式，即仙界的一切活动均以供奉西王母而展开。到了东汉早中期，随着升仙思想的发展，仙界的生活开始与下界的生活发生关系。西王母与东王公开始处理下界的升仙事务，并接受下界成员的供奉。到了东汉中晚期，画像石中的仙界生活开始呈现多样化与复杂化的倾向。一方面，仙界仍然保持着供奉西王母、东王公的基本生活方式；另一方面，仙界中的其他成员开始形成自己的生活方式，如六博游戏、乐舞百戏等，这些方式均来自世俗的娱乐活动，这一时期的仙界生活也越来越表现出人性化与世俗化的特征。由此可见，仙界已不再是一个仅仅围绕西王母、东王公而展开的世界，而是一个有着个体精神追求的生活化的世界。

汉画像石中仙界生活模式的变化，生动地展现了汉代人升仙思想的发展与演变。而仙界生活的人性化与世俗化走向则表明，汉代人所追求的神仙世界，不是一个清心寡欲、不食人间烟火的空间，而是一个可以享受到各种世俗欢乐的世界。

结　　语

通过以上对汉画像石图像艺术的分析，我们可以得到如下结论：

其一，汉画像石以图像艺术的形式生动展现了汉代生死观念的动态演进过程。可以看到，从西汉中晚期到东汉中晚期，汉代生死观念经过了一个持续发展的过程。而我们认为，汉代生死观念的这种持续发展正是推动早期道教形成的根本动力，早期道教的根本宗旨"长生不死、羽化登仙"也正是汉代人在生死问题上所采取的基本解决方式。长期以来，由于文字资料的缺乏，学界对两汉时期道教的动态演进过程与思想渊源一直语焉不详。我们认为，汉画像石图像资料不仅可以作为我们研究汉代生死观念的可贵史料，也可以作为我们研究早期道教的重要凭据。

其二，汉画像石图像艺术显示：汉代生死观念具有鲜明的世俗性特征，而这种世俗性特征正是来自汉代人对于"生"的强烈欲望。从汉画像石中大量存在的生殖崇拜图及升仙图可以看到，汉代人对于"生"有着强烈的欲望，这种欲望与汉代盛行的神仙信仰有着密切的关联。而从汉画像石中"祠堂建筑图"与"仙界图"发展演变的轨迹可以看到，汉代的冥灵信仰与升仙信仰皆表现出十分明显的世俗化特征，它同样显示出汉代人对于此世的强烈欲望。

基于以上观点，我们认为，汉代生死观念尤其是神仙信仰发展的根本动力乃是汉代人对"生"的强烈欲望，它具有着强烈的世俗性特征。

余英时先生曾通过分析大量的传世文献指出汉代的生死观念有着明显的此世性特征。他说："那时人们对人世具有强烈的依恋感，他们渴望长寿而害怕死亡。……其次，其来生观念是这个时代此世精神的最好反映。这个时代的来生观念有两种主要形式：一种是成仙而升至天堂，在那里人欲不再遭受压制；另一种是人性化了的死后世界概念。……无论哪种情况，时人执着于依恋此世的强烈感受的程度显现得非常鲜明。"[1] 可以看到，余英时先生所揭示的汉代生死观念的特征与汉画像石图像艺术所展现的汉代生死观的特征几乎是完全一致的。而从这一意义上讲，我们认为，汉画像石图像艺术已具有了与文字相同的史料价值。

---

[1]　余英时：《东汉生死观》，第9页。

武氏祠左石室画像

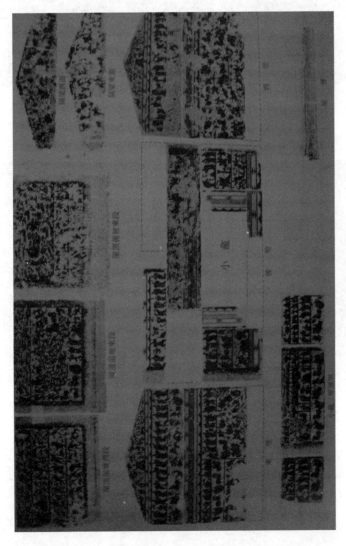

武氏祠左石室画像配置图

武氏祠左石室西壁上石画像

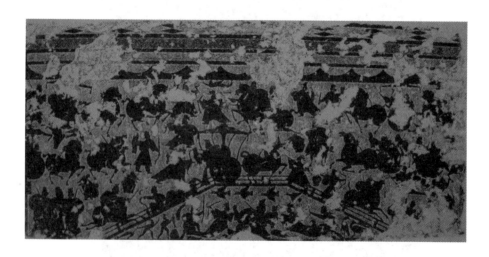

武氏祠左石室西壁下石画像

武氏祠左石室东壁上石画像

武氏祠左石室东壁下石画像

武氏祠左石室后壁小龛西侧画像

武氏祠左石室小龛东侧画像

武氏祠左石室后壁小龛西壁画像

武氏祠左石室后壁小龛东壁画像

武氏祠左石室后壁小龛后壁画像

武氏祠左石室屋顶前坡东段画像

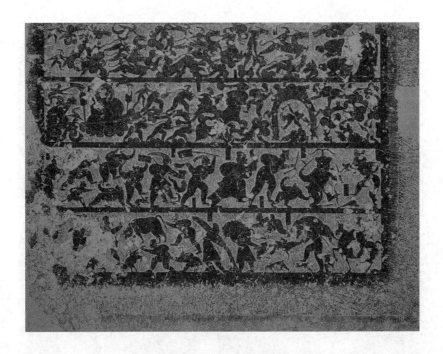

武氏祠左石室屋顶前坡西段画像

武氏祠左石室屋顶后坡东段画像

插图一〇　前石室画像配置图

武氏祠前石室画像配置图

参 考 文 献

一 传世文献

李学勤主编：《十三经注疏·周礼注疏》（上、下），北京大学出版社1999年版。

（宋）朱熹撰：《楚辞集注》，上海古籍出版社、安徽教育出版社2001年版。

（宋）洪兴祖撰：《楚辞补注》，中华书局2008年版。

袁珂校注：《山海经校注》，巴蜀书社1993年版。

（汉）刘向集录：《战国策》，上海古籍出版社1985年版。

（汉）司马迁：《史记》，中华书局1982年版。

（汉）班固：《汉书》，中华书局2007年版。

（南朝宋）范晔：《后汉书》，中华书局2006年版。

费振刚等校注：《全汉赋校注》，广东教育出版社2005年版。

王叔岷撰：《列仙传校笺》，中华书局2007年版。

《黄帝内经》，中华书局2011年版。

许维遹撰：《吕氏春秋集释》，中国书店1985年版。

（汉）王符：《潜夫论》，中华书局1985年版。

（汉）扬雄：《太玄集注》，《新编诸子集成》，司马光集注，中华书局1998年版。

（汉）王充：《论衡》，《诸子集成》（七册），中华书局2006年版。

（汉）荀悦撰，（明）黄省曾注，孙启治校补：《申鉴注校补》，中华书局2012年版。

高诱注：《淮南子》，《诸子集成》（七册），中华书局2006年版。

（晋）葛洪：《抱朴子》，《诸子集成》（四册），中华书局2006年版。

（清）苏舆撰：《春秋繁露义证》，中华书局2007年版。

张清钟撰：《古诗十九首汇说赏析与研究》，台湾商务印书馆1988年版。

（晋）葛洪集：《西京杂记全译》，成林、程章灿译注，贵州人民出版社1993年版。

程贞一、闻人军译注：《周髀算经译注》（周髀算经序），上海古籍出版社2012年版。

（唐）欧阳询撰：《艺文类聚》，上海古籍出版社1985年版。

二　近人专著

陈煌：《古代帛画》，文物出版社2005年版。

傅惜华：《汉代画像全集》（初编），巴黎大学北京汉学研究所1950年版；《汉代画像全集》（二编），巴黎大学北京汉学研究所1951年版。

费振刚等校注：《全汉赋校注》，广东教育出版社 2005 年版。

关百益：《南阳汉画像集》，中华书局 1930 年版。

顾颉刚：《顾颉刚古史论文集》第三册，中华书局 1988 年版。

顾颉刚：《秦汉的方士与儒生》，上海古籍出版社 2006 年版。

郭沫若：《郭沫若全集·历史篇》第 1 卷，人民出版社 1982 年版。

葛兆光：《屈服史及其他：六朝隋唐道教的思想史研究》，三联书店 2003 年版。

金克木：《艺术科学丛谈》，三联书店 1986 年版。

蒋英炬等编：《中国画像石全集》（共八册），山东美术出版社、河南美术出版社 2000 年版。

蒋英炬、吴文祺：《汉代武氏墓群石刻研究》，山东美术出版社 1995 年版。

刘志远、余德章等编著：《四川汉代画像砖与汉代社会》，文物出版社 1983 年版。

李零：《中国方术正考》，中华书局 2010 年版。

李零：《中国方术续考》，中华书局 2010 年版。

李清泉：《宣化辽墓——墓葬艺术与辽代社会》，文物出版社 2008 年版。

李淞：《论汉代艺术中的西王母图像》，湖南教育出版社 2000 年版。

罗二虎：《汉代画像石棺》，巴蜀书社 2002 年版。

刘致平著，王其明增补：《中国居住建筑简史》，中国建筑工业出版社 1990 年版。

李永宪：《西藏原始艺术》，河北教育出版社 2001 年版。

牟钟鉴、胡孚琛主编：《道教通论》，齐鲁书社 1991 年版。

马小虎：《魏晋以前个体"自我"的演变》，中国人民大学出版社 2004 年版。

蒲慕州：《墓葬与生死——中国古代宗教之省思》，中华书局 2008 年版。

卿希泰主编：《中国道教史》，四川大学出版社 1988 年版。

容庚：《汉武梁祠画像录》，燕京大学考古社 1936 年版。

孙文青：《南阳汉画像汇存》，金陵大学文化研究所 1937 年版。

汤一介：《早期道教史》，昆仑出版社 2006 年版。

滕固：《南阳汉画像石刻之历史的及风格的考察》，载《张菊生先生七十生日纪念论文集》，商务印书馆 1937 年版。

王国维：《宋元戏曲史》，上海古籍出版社 1998 年版。

闻一多：《闻一多全集 3》（神话篇·《诗经》篇上），湖北人民出版社 1993 年版。

萧兵：《楚辞与神话》，江苏古籍出版社 1987 年版。

信立祥：《汉代画像石综合研究》，文物出版社 2000 年版。

俞伟超：《马王堆一号汉墓帛画内容考》，《先秦两汉考古学论集》，文物出版社 1985 年版。

《长沙马王堆一号汉墓发掘简报》，文物出版社 1972 年版。

萧亢达：《汉代乐舞百戏艺术研究》，文物出版社 1991 年版。

袁济喜：《两汉精神世界》，中国人民大学出版社 1994 年版。

余平博士学位论文《汉晋神仙信仰的现象学诠释》，四川大学，2006年。

朱存明：《汉画像的象征世界》，人民文学出版社2005年版。

周学鹰：《解读画像砖石中的汉代文化》，中华书局2005年版。

赵国华：《生殖崇拜文化论》，中国社会科学出版社1996年版。

张鹏川：《中国彩陶图谱》，文物出版社1990年版。

张清钟：《古诗十九首汇说赏析与研究》，台湾商务印书馆1988年版。

中山大学艺术学研究中心编：《艺术史研究》（第一辑），中山大学出版社1999年版。

湖南省博物馆、中国科学院考古研究所、文物编辑委员会：《长沙马王堆一号汉墓发掘简报》，文物出版社1972年版。

［美］余英时《东汉生死观》，上海古籍出版社2005年版。

［日］大村西崖：《支那美术史雕塑篇》，东京印刷株式会社1916年版。

［日］长广敏雄：《汉代画像の研究》，中央公论美术出版1965年版。

［日］土居淑子：《中国古代の画像石》，同朋舍出版1986年版。

［韩］具圣姬：《汉代人的死亡观》，民族出版社2003年版。

［美］巫鸿著，柳扬、岑河译：《武梁祠——中国古代画像艺术的思想性》，生活·读书·新知三联书店2006年版。

［美］巫鸿著，郑岩、王睿等译：《礼仪中的美术》，三联书店2005年版。

［美］欧文·潘诺夫斯基著，戚印平、范景中译：《图像学研究：文艺

复兴时期艺术的人文主题》，上海三联书店 2011 年版。

［美］郝大维（David L. Hall）等著《汉哲学思维的文化探源》，江苏人民出版社 1999 年版。

［法］列维 - 布留尔著、丁由译：《原始思维》，商务印书馆 1997 年版。

［英］鲁惟一著、王浩译：《汉代的信仰、神话和理性》，北京大学出版社 2009 年版。

三　论文

嘉祥县文管所：《嘉祥五老洼发现一批汉画像石》，《文物》1982 年第 5 期。

刘敦愿：《汉画像石上的针灸图》，《文物》1972 年第 6 期。

赵殿增、袁曙光：《"天门"考——兼论四川汉画像砖（石）的组合与主题》，《四川文物》1990 年第 6 期。

李锦山：《孟庄汉墓立柱画像石考释》，《文物》2004 年第 5 期。

王爱军等：《新疆呼图壁康家石门子岩画探析》，《石河子大学学报》（哲学社会科学版）2006 年第 2 期。

李现国：《雕凿在岩壁上的生殖崇拜史》，《瞭望周刊》1988 年第 20 期。

牛克诚，《生殖巫术与生殖崇拜——阴山岩画解读》，《文艺研究》1991 年第 3 期。

陆思贤：《红山文化裸体女神像的神话考察》，《文艺理论研究》1993

年第 3 期。

熊传新：《谈马王堆三号西汉墓出土的陆博》，《文物》1979 年第 4 期。

北京市古墓发掘办公室：《大葆台西汉木椁墓发掘简报》，《文物》1977 年第 6 期。

孙作云：《长沙马王堆一号汉墓出土画幡考释》，《考古》1973 年第 1 期。

李建毛：《也谈马王堆汉墓 T 形帛画的主题思想》，《美术史论》1992 年第 3 期。

钟敬文《马王堆汉墓帛画的神话史意义》，《中华文史论丛》1979 年第 2 期。

湖南省博物馆、中国科学院考古研究所：《长沙马王堆二、三号汉墓发掘简报》，《文物》1974 年第 7 期。

临沂金雀山汉墓发掘组：《山东临沂金雀山九号汉墓发掘简报》，《文物》1977 年第 11 期。

刘家骥、刘炳森，《金雀山西汉帛画临摹后感》，《文物》1977 年第 11 期。

临沂市博物馆：《山东临沂金雀山周氏墓群发掘简报》，《文物》1984 年第 11 期。

赵超：《汉代画像石墓中的画像布局及其意义》，《中原文物》1991 年第 3 期。

朱存明：《汉代墓室画像的象征主义研究》，《民族艺术》2003 年第

1 期。

　　济宁市博物馆：《山东济宁师专西汉墓群清理简报》，《文物》1992 年第 3 期。

　　蒋英炬：《汉代的小祠堂——嘉祥宋山汉画像石的建筑复原》，《考古》1983 年第 8 期。

　　黄厚明《图像与观念—艺术考古前沿问题研究》，《民族艺术》2008 年第 4 期。

　　（日）长广敏雄：《武氏祠左石室第九石の画像について》，《东方学报》京都版第 31 册。

　　徐州博物馆：《徐州发现东汉元和三年画像石》，《文物》1990 年第 9 期。

　　徐州市博物馆、沛县文化馆：《江苏沛县栖山汉画像石墓清理简报》，《考古学集刊》第二集，1982 年。

　　郭德伟：《楚墓出土虎座飞鸟初释》，《江汉论坛》1980 年第 5 期。

　　山东省博物馆、苍山县文化馆：《山东苍山元嘉元年画像石墓》，《考古》1975 年第 2 期。

　　嘉祥县武氏祠文管所：《山东嘉祥宋山发现汉画像石》，《文物》1979 年第 9 期。

　　济宁地区文物组、嘉祥县文管会：《山东嘉祥宋山 1980 出土的汉画像石》，《文物》1982 年第 5 期。

　　泰安地区文物局：《泰安县大汶口发现一座汉画像石墓》，《文物》1982 年第 6 期。

济宁县文化馆、夏忠润：《山东济宁县发现一组汉画像石》，《文物》1983 年第 5 期。

嘉祥县文管所：《山东嘉祥纸坊画像石墓》，《文物》1986 年第 5 期。

泰安市文物管理局：《山东泰安旧县村汉画像石墓》，《考古》1988 年第 4 期。

泰安市文物局、程继林：《泰安大汶口汉画像石墓》，《文物》1989 年第 1 期。

王思礼、赖非、丁冲、万良：《山东微山县汉代画像石调查报告》，《考古》1989 年第 8 期。

肥城县文化馆、程少奎：《山东肥城发现"永平"纪年画像石》，《文物》1990 年第 2 期。

枣庄市文物管理委员会办公室、枣庄市博物馆：《山东枣庄小山西汉画像石墓》，《文物》1997 年第 12 期。

微山县文物管理所：《山东微山县汉画像石墓的清理》，《考古》1998 年第 3 期。

赵文俊、于秋伟：《山东沂南县近年来发现的汉画像石》，《考古》1998 年第 4 期。

微山县文物管理所：《山东微山县西汉画像石墓》，《文物》2000 年第 10 期。

济南市文化局文物处、平阴县博物馆：《山东平阴孟庄东汉画像石墓》，《文物》2002 年第 2 期。

南京博物院：《徐州茅村画像石墓》，《考古》1980 年第 4 期。

南京博物院：《徐州青山泉白集东汉画像石墓》，《考古》1981年第2期。

徐州市博物馆：《江苏沛县栖山汉画像石墓清理简报》，《考古学集刊》1982年第2期。

南京博物院、邳县文化馆：《江苏邳县白山故子两座东汉画像石墓》，《文物》1986年第5期。

南京博物院、泗洪县图书馆：《江苏泗洪重岗汉画像石墓》，《考古》1986年第7期。

徐州博物馆：《徐州发现东汉元和三年画像石》，《文物》1990年第9期。

邱永生：《徐州青山泉水泥二厂一、二号汉墓发掘简报》，《中原文物》1992年第1期。

河南省文化局文物工作队：《河南密县打虎亭发现大型汉代壁画墓和画像石墓》，《文物》1960年第4期。

王儒林：《河南南阳市发现汉墓》，《考古》1966年第2期。

安金槐、王与刚：《密县打虎亭汉代画像石墓和壁画墓》，《文物》1972年第2期。

周到、李京华：《唐河针织厂汉画像石墓的发掘报告》，《文物》1973年第6期。

南阳市博物馆：《南阳发现东汉许阿瞿墓志石画像》，《文物》1974年第8期。

南阳市博物馆、方城县文化馆：《河南方城东关汉画像石墓》，《文物》

1980 年第 3 期。

南阳市博物馆：《南阳县赵寨砖瓦厂汉画像石墓》，《中原文物》1982
年第 1 期。

《南阳市汉画像石》编委会：《唐河县电厂汉画像石墓》，《中原文物》
1982 年第 1 期。

南阳市博物馆：《南阳县王寨汉画像石墓》，《中原文物》1982 年第
1 期。

赵成甫、张逢酉、平春照：《河南唐河县石灰窑村画像石墓》，《文物》
1982 年第 5 期。

南阳博物馆：《河南南阳英庄汉画像石墓》，《中原文物》1983 年第
3 期。

南阳地区文物工作队、南阳县文化馆：《河南南阳县英庄汉画像石
墓》，《文物》1984 年第 3 期。

南阳地区文物工作队、方城县文化馆：《河南方城县城关镇汉画像石
墓》，《文物》1984 年第 3 期。

南阳地区文物工作队、唐河县文化馆：《唐河县针织厂二号汉画像石
墓》，《中原文物》1985 年第 3 期。

南阳地区文物工作队、南阳县文化馆：《河南南阳县十里铺画像石
墓》，《文物》1986 年第 4 期。

黄留春、张照：《河南襄城县发现汉画像石》，《文物》1988 年第
5 期。

李俊山：《永城太丘一号汉画像石墓》，《中原文物》1990 年第 1 期。

永城县文管会、商丘博物馆：《永城太丘二号汉画像石墓》，《中原文物》1990 年第 1 期。

南阳市文物研究所：《河南省邓州市梁寨汉画像石墓》，《中原文物》1996 年第 3 期。

洛阳市文物工作队一对、张湘：《洛阳新发现的西汉空心画像砖》，《文物》1990 年第 2 期。

李献奇、杨海钦：《洛阳又发现一批西汉空心画像砖》，《文物》1993 年第 5 期。

沈天鹰：《洛阳出土一批汉代壁画空心砖》，《文物》2005 年第 3 期。

史家珍、李娟：《洛阳新发现西汉画像砖》，《中原文物》2005 年第 6 期。

王步毅：《安徽宿县褚兰汉画像石墓》，《考古学报》1993 年第 4 期。

李复华、郭子游：《郫县出土东汉画像石棺图像略说》，《文物》1975 年第 8 期。

重庆市博物馆、合川县文化馆田野考古工作小队：《合川东汉画像石墓》，《文物》1977 年第 2 期。

四川省博物馆、郫县文化馆：《四川郫县东汉砖墓的石棺画像》，《考古》1979 年第 6 期。

兰峰：《四川宜宾县崖墓画像石棺》，《文物》1982 年第 7 期。

梁文骏：《四川郫县东汉墓门石刻》，《文物》1983 年第 5 期。

高文：《绚丽多彩的画像石——四川解放后出土的五个汉代石棺椁》，《四川文物》1985 年第 1 期。

王开建：《合江县出土的东汉石棺》，《四川文物》1985 年第 3 期。

四川大学考古专业七八级实习队、长宁县文化馆：《四川长宁"七个洞"东汉纪年画像崖墓》，《考古与文物》1985 年第 5 期。

李晓鸥：《四川荥经东汉石棺画像》，《文物》1987 年第 1 期。

雷建金：《简阳县鬼头山发现榜题画像石棺》，《四川文物》1988 年第 6 期。

乐山市文化局：《四川乐山麻浩一号崖墓》，《考古》1990 年第 2 期。

乐山市崖墓博物馆：《四川乐山市沱沟嘴东汉崖墓清理简报》，《文物》1993 年第 1 期。

郭永棣、高文：《温江县出土汉代石墓门画像》，《四川文物》1994 年第 3 期。

王庭福、李一洪：《合江张家沟二号崖墓画像石棺发掘简报》，《四川文物》1995 年第 5 期。

郑卫：《新津县出土两具汉代画像石棺》，《四川文物》1996 年第 5 期。

颜灵：《南溪县长顺坡画像石棺清理简报》，《四川文物》1996 年第 3 期。

高文、王锦生：《四川新津县汉代画像石棺上的新发现（二)》，《四川文物》2003 年第 6 期。

四川省博物馆：《四川新都县发现一批汉画像砖》，《文物》1980 年第 2 期。

成都市文物管理处：《四川成都曾家包东汉画像砖石墓》，《文物》

1981 年第 10 期。

陕西省博物馆、陕西省文管会写作小组：《米脂东汉画像石墓发掘简报》，《文物》1972 年第 3 期。

戴应新、李仲煊：《陕西绥德县延家岔东汉画像石墓》，《考古》1983 年第 3 期。

绥德县博物馆：《陕西绥德汉画像石墓》，《文物》1983 年第 5 期。

绥德县博物馆：《陕西绥德发现汉画像石墓》，《考古》1986 年第 1 期。

吴兰、学勇：《陕西米脂县官庄东汉画像石墓》，《考古》1987 年第 11 期。

陕西省考古研究所、榆林地区文物管理委员会：《陕西神木大保当第 11 号、第 23 号汉画像石墓发掘简报》，《文物》1997 年第 9 期。

榆林地区文物管理委员会、绥德县博物馆：《陕西绥德县七里铺画像石墓调查简报》，《考古与文物》2002 年第 3 期。

山西省考古研究所、吕梁地区文物工作室、离石县文物管理所：《山西离石马茂庄东汉画像石墓》，《文物》1992 年第 4 期。

四　英文文献

Loewe，M，1979. Ways to Paradise：*The Chinese Quest for Immortality*，London：George Allen & Unwin.